互联网+新形态

创新型素质教育活页式教材

大学美育

郭青春　主审

白毛毛　武立强　主编

副主编：屈学书　屈洪海　景晓君　方　琰
编　委：原燕婷　高　巍　李　欣　付增芝
　　　　王晓华　任江波

北京理工大学出版社
BEIJING INSTITUTE OF TECHNOLOGY PRESS

版权专有　侵权必究

图书在版编目（CIP）数据

大学美育 / 白毛毛, 武立强主编. -- 北京：北京理工大学出版社, 2024.5
ISBN 978-7-5763-3952-9

Ⅰ.①大… Ⅱ.①白… ②武… Ⅲ.①美育—高等学校—教材 Ⅳ.① G40-014

中国国家版本馆 CIP 数据核字 (2024) 第 091844 号

责任编辑：徐艳君　　　文案编辑：徐艳君
责任校对：周瑞红　　　责任印制：施胜娟

出版发行 / 北京理工大学出版社有限责任公司
社　　址 / 北京市丰台区四合庄路 6 号
邮　　编 / 100070
电　　话 / (010) 68914026（教材售后服务热线）
　　　　　 (010) 63726648（课件资源服务热线）
网　　址 / http://www.bitpress.com.cn

版 印 次 / 2024 年 5 月第 1 版第 1 次印刷
印　　刷 / 北京广达印刷有限公司
开　　本 / 787 mm×1092 mm　1/16
印　　张 / 14.25
字　　数 / 268 千字
定　　价 / 59.80 元

图书出现印装质量问题，请拨打售后服务热线，负责调换

前言

美育是人才培养的重要组成部分，是全面贯彻党的教育方针的基本要求，是新时代职业教育立德树人、培根铸魂的重要途径。

2020年10月，中共中央办公厅、国务院办公厅印发的《关于全面加强和改进新时代学校美育工作的意见》指出："以立德树人为根本，以社会主义核心价值观为引领，以提高学生审美和人文素养为目标，弘扬中华美育精神，以美育人、以美化人、以美培元，把美育纳入各级各类学校人才培养全过程，贯穿学校教育各学段，培养德智体美劳全面发展的社会主义建设者和接班人。"党的二十大报告指出："要落实立德树人根本任务，培养德智体美劳全面发展的社会主义建设者和接班人，加快建设高质量教育体系，发展素质教育。"2023年12月，教育部印发《关于全面实施学校美育浸润行动的通知》，指出进一步加强学校美育工作，强化学校美育的育人功能，全面实施学校美育浸润行动。这既为学校美育赋予了重要使命，也对学校美育提出了更高要求。为了配合职业院校美育教学活动，更好地满足广大师生对优质、丰富的美育资源的需求，我们结合新时代美育要求精心编写了本书。

一、本书的编写思路

本书从美学基本理论出发，以项目式、模块化、任务驱动方式引导学生探究美是什么、美育特征和审美方法；从应用美学出发，以学习经典作品案例的方式，引导学生发现美、感受美、表现美、鉴赏美、创造美。将美育知识转换为具体的学习项目和任务，每个项目设计了"课前自主探究——寻美之迹、课中任务合作——品美之韵、课后创造升华——悟美之道"三个板块，并配有课前的"项目引言→学习目标→思维导图→任务清单"，课中的"过程性指导"，课后的"向美而行——实践作业→知美达美——理论作业→习美评价——学习测评"。发挥活页式教材优势，设计了可以结合不同专业特点，能够不断更新的"美之漫谈、释疑解惑、思政之美"三个栏目，丰富思政渗透形式，拓宽学生审美视野。每个项目开展增值性评价、过程性评价、体验性评价、表现性评价、应用性评价，并设计了评价标准，跟踪式、精准化反映学习成果和考核内容。

二、本书的特色优势

1. 契合"新时代"要求，以美培元

深入贯彻党的二十大精神，根据中共中央、国务院、教育部关于美育的最新文件要求编写，契合新时代美育的战略地位和育人价值，将浸润作为美育的目标和路径，弘扬中华美育精神，坚定文化自信，提升审美素养、陶冶高尚情操、温润美好心灵、激发创新创造活力，以美育人、以美化人、以美培元。

2. 突显"职业教育"特色，创新形态

将知识技能与核心素养、未来职业衔接，契合模块化、任务驱动式学习方式编写，创设主题式、沉浸式、趣味性、实践化的艺术欣赏情境。进行过程性指导，实现适时美育教学指引。创设难易度分层的实践作业和理论作业，构建完整系统的评价体系，以学生为中心、以学习成果为导向，促进学生自主学习。

3. 融创"课程思政"模式，培根铸魂

充分运用主编白毛毛的教育部美育"课程思政"规划课题、获全国第七届大学生艺术展演活动二等奖的美育改革创新优秀案例"三阶段、两遵循、一展示"课程思政育人模式的研究成果，构建课程思政美育新模式，深入挖掘美育课程所蕴含的思政元素，并在艺术作品的选择上突出思想性与教育性，用好的作品弘扬主旋律、传播正能量。

4. 国家"美育专家"主审，校企合作

由教育部职业院校文化素质教指委美育专委会主任委员郭青春教授担任主审；由国家级非物质文化遗产项目蒲州梆子代表性传承人、国家一级演员、中国戏剧二度梅花奖和文华奖获得者任跟心担任行业顾问；由山西省职业教育文化素质教指委美育虚拟教研室秘书长、山西省职业教育文化艺术和新闻传播教指委委员、临汾职业技术学院美育工作室负责人白毛毛副教授担任主编；由国家一级演出监督、二级演奏员，山西演艺集团党委委员、副总经理武立强担任企业主审；由山西省职业教

育文化素质教指委美育虚拟教研室主任委员、临汾职业技术学院党委副书记、院长屈学书教授，山西省职业教育文化艺术和新闻传播教指委秘书长、山西艺术职业学院教务部部长屈洪海副教授，以及临汾职业技术学院美育工作室景晓君副教授、方琰担任副主编，协同山西省"双高"校获全国职业院校技能大赛教学能力比赛二等奖的教师团队和来自临汾市文化馆、戏剧研究院、非遗中心、技能大师工作室的行企专家，打造特色纯正、行业权威的美育新形态教材。

5. 营造"沉浸审美"体验，交互学习

结合编写团队"大学美育"配套精品在线课程、职教金课和教育部美育"课程思政"规划课题研究成果，配备了大量专业微课，灵活运用图文和可二维码识别的声音、动画、影像等方式，营造沉浸式审美氛围，打造集知识性、趣味性、交互性于一体的线上线下可听、可视、可练、可互动的融媒体资源。

6. 弘扬"非遗文化"之美，薪火相传

结合中华优秀传统文化设计"魅力非遗"板块，展现制茶技艺、剪纸技艺、刺绣技艺之美，展示中华民族的亮丽名片。发挥教材弘扬中华优秀传统文化的育人优势，开展集审美赋能、创意实践、人文升华于一体的非遗实践活动，激励广大学子了解民族文化，做民族文化的宣传者和践行者。

三、本书的配套资源

本书依托《大学美育》配套精品在线课程和职教金课，融入"互联网+"理念，配有高品质微课和丰富的音乐、舞蹈、戏曲、绘画、书法、文学、影视、建筑、非遗等音视频资源，为学生打造"沉浸式"审美体验。激发学生学习兴趣，提升学生文化理解、审美感知、艺术表现、创意实践等核心素养，使学生身心更加愉悦，活力更加彰显，人格更加健全。

学生可通过扫描书中二维码观看学习视频，通过在线学习平台（https://www.xueyinonline.com/detail/245404630?tonewterm=true）查阅丰富的音视频及图文资源，完成主题讨论、随堂练习、投票评分、作业提交等交互学习，巩固所学知识，提高学习效率。教师可通过在线学习平台下载课程标准、教案、优质课件、分层习题及答案等配套资源，完成签到、选人、分组等课堂活动组织和课堂测评、作业布置、在线考试等课程教学管理。

本书是在拥有丰富教学科研经验的国家级职业教育文化素质教指委美育专委会主任委员、省级职业教育文化素质教指委美育虚拟教研室主任委员、省级职业教育文化艺术和新闻传播教指委秘书长、美育工作室负责人、教学名师、"双师型"教师、思政教师和行企知名专家、非遗传承人的指导和参与下编写而成的。编者在设计体例时充分考虑课程标准要求和行业、企业、社会需求，紧密围绕立德树人、提高学生综合素养的目标"量身定做"教学内容，着重强化本书的实用性、针对性和职业性，力求促进学生将所学知识内化为核心素养，做到知行合一。

在编写过程中，编者参阅了大量文献资料和网络资料，在此向这些资料的作者表示衷心的感谢。

由于编者水平有限，书中存在疏漏和不妥之处，诚请各位老师和学生批评指正。

编　者

2024 年 2 月

目 录

项目一　心灵与情操的浸润滋养——美和美育

【学习目标】················002
【思维导图】················002
【任务清单】················003

任务一　了解美的基础知识················004
　　一、思考与讨论：什么是美················005
　　二、总结与归纳：美的特征················005
　　三、探索与体验：美的表现················006

任务二　了解美育的基础知识················009
　　一、理解并掌握：什么是美育················009
　　二、探究与表达：美育在职业教育中的作用················009
　　三、思考与讨论：美育与其他四育的关系················012

向美而行——实践作业················015
知美达美——理论作业················016
习美评价——学习测评················018

项目二　实用与审美的完美契合——实用艺术

【学习目标】················020
【思维导图】················020
【任务清单】················021

任务一　构筑理想家园——建筑之美 ·· 022
　　一、理解并掌握：建筑的基础知识 ·· 022
　　二、总结与归纳：建筑的审美特征 ·· 031
　　三、探究与表达：建筑作品欣赏 ·· 033

任务二　领略匠心之作——工艺美术之美 ······································ 036
　　一、理解并掌握：工艺美术的基础知识 ·· 036
　　二、总结与归纳：工艺美术的审美特征 ·· 041
　　三、探究与表达：工艺美术作品欣赏 ·· 043

向美而行——实践作业 ·· 045
知美达美——理论作业 ·· 046
习美评价——学习测评 ·· 047

项目三　瞬间与永固的经典呈现——造型艺术

【学习目标】 ·· 050
【思维导图】 ·· 050
【任务清单】 ·· 051

任务一　描绘眼中至美——绘画之美 ·· 052
　　一、理解并掌握：绘画的基础知识 ·· 052
　　二、总结与归纳：绘画的审美特征 ·· 064
　　三、探究与表达：绘画作品欣赏 ·· 065

任务二　挥毫书写人生——书法之美 ·· 069
　　一、理解并掌握：书法的基础知识 ·· 069
　　二、总结与归纳：书法的审美特征 ·· 076
　　三、探究与表达：书法作品欣赏 ·· 077

向美而行——实践作业 ·· 078
知美达美——理论作业 ·· 079
习美评价——学习测评 ·· 081

项目四　节奏与韵律的交相辉映——表情艺术

【学习目标】 ··· 084
【思维导图】 ··· 084
【任务清单】 ··· 085

任务一　聆听绕梁之音——音乐之美 ································ 086
　　一、理解并掌握：音乐的基础知识 ······························· 086
　　二、总结与归纳：音乐的审美特征 ······························· 095
　　三、沉浸式体验：音乐作品欣赏 ·································· 097

任务二　观赏婆娑舞姿——舞蹈之美 ································ 099
　　一、理解并掌握：舞蹈的基础知识 ······························· 099
　　二、总结与归纳：舞蹈的审美特征 ······························· 105
　　三、沉浸式体验：舞蹈作品欣赏 ·································· 106

向美而行——实践作业 ··· 108
知美达美——理论作业 ··· 109
习美评价——学习测评 ··· 110

项目五　文学与表演的相得益彰——综合艺术

【学习目标】 ··· 112
【思维导图】 ··· 112
【任务清单】 ··· 113

任务一　领略梨园风情——戏曲之美 ································ 114
　　一、理解并掌握：戏曲的基础知识 ······························· 114
　　二、总结与归纳：戏曲的审美特征 ······························· 125
　　三、沉浸式体验：戏曲作品欣赏 ·································· 126

任务二　走进光影世界——影视之美 ································ 130
　　一、理解并掌握：影视艺术的基础知识 ························ 130
　　二、总结与归纳：影视艺术的审美特征 ························ 142
　　三、沉浸式体验：影视作品欣赏 ·································· 143

003

向美而行——实践作业 144
知美达美——理论作业 145
习美评价——学习测评 147

项目六　情感与思想的交融碰撞——语言艺术

【学习目标】 150
【思维导图】 150
【任务清单】 151

任务一　感悟平仄和谐——诗歌之美 152
　　一、理解并掌握：诗歌的基础知识 152
　　二、总结与归纳：诗歌的审美特征 158
　　三、探究与表达：诗歌作品欣赏 159

任务二　漫谈文辞妙语——散文之美 162
　　一、理解并掌握：散文的基础知识 162
　　二、总结与归纳：散文的审美特征 165
　　三、探究与表达：散文作品欣赏 166

任务三　饱览世间清欢——小说之美 169
　　一、理解并掌握：小说的基础知识 169
　　二、总结与归纳：小说的审美特征 172
　　三、探究与表达：小说作品欣赏 173

向美而行——实践作业 175
知美达美——理论作业 177
习美评价——学习测评 178

项目七　文化与传承的生活智慧——魅力非遗

【学习目标】 180
【思维导图】 180
【任务清单】 181

任务一　体悟静和怡真——品茗之美 183
　　一、理解并掌握：茶的基础知识................183
　　二、总结与归纳：茶的审美特征................188
　　三、感悟与体验：生活中的茶文化..............189

任务二　映照指间乾坤——剪纸之美 194
　　一、理解并掌握：剪纸的基础知识..............194
　　二、总结与归纳：剪纸的审美特征..............198
　　三、感悟与体验：剪纸的美好寓意..............200

任务三　赏鉴针尖绚烂——刺绣之美 201
　　一、理解并掌握：刺绣的基础知识..............201
　　二、总结与归纳：刺绣的审美特征..............205
　　三、感悟与体验：刺绣的美好寓意..............207

向美而行——实践作业 208
知美达美——理论作业 209
习美评价——学习测评 211

参考文献 212

项目一
心灵与情操的浸润滋养
——美和美育

项目引言

　　景美悦目，声美悦耳，味美悦口，情美悦心……世间万物，当具备了美的属性，便极易使人产生积极的情感反应，从而为人所喜爱。美究竟是什么？美有哪些特征？美的表现形式有哪些？让我们带着这些问题，一同去发现美、感受美、表现美、鉴赏美、创造美吧！

【学习目标】

知识目标

1. 了解美的概念，掌握美的特征和表现形式。
2. 了解美育的概念，掌握美育在职业教育中的作用。
3. 了解美育与德育、智育、体育和劳动教育的关系。

能力目标

1. 能够在生活中区分美的表现形式，提升审美判断力。
2. 能够用审美的眼光发现美、感受美，提升审美鉴赏力。

素养目标

1. 陶冶高尚情操，塑造美好心灵，弘扬美育精神。
2. 树立正确的审美观念，培养健康的审美情趣。
3. 增强文化自信和民族自信，努力成为德智体美劳全面发展的社会主义建设者和接班人。

【思维导图】

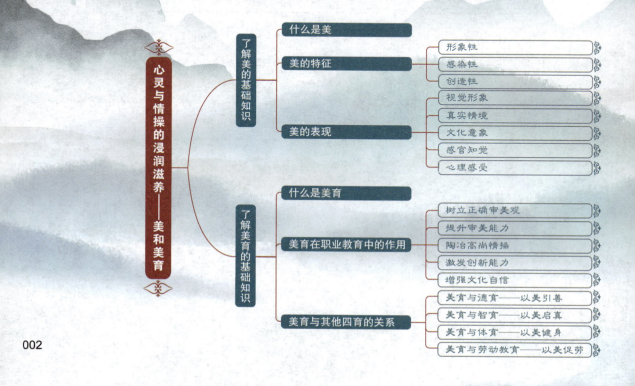

【任务清单】

完成一项学习任务后,请在表 1-1 对应处打钩。

表 1-1 任务完成情况记录表

任务阶段	任务名称	任务分解	完成情况	心得记录
课前准备	寻美之迹	准备学习用品,搜索生活中美的图片、实物、音频、视频等资料		
		预习课本知识,形成对美和美育的初步印象		
课中探究	品美之韵	了解美的概念,掌握美的特征和表现形式		
		了解美育的概念,掌握美育在职业教育中的作用		
		了解美育与德育、智育、体育和劳动教育的关系		
课后实践	悟美之道	与同学积极配合,参与"生活中的美"微视频拍摄活动,提高审美鉴赏能力、团队协作能力和人际交往能力		
		运用所学知识以审美的眼光观察生活,发现美、感受美、表现美、鉴赏美、创造美,提升审美素养		

课前自主探究——寻美之迹

阿尔卑斯山谷中有一条大汽车路，两旁景物极美，路上插着一个标语牌劝告游人说："慢慢走，欣赏啊！"许多人在这车如流水马如龙的世界过活，恰如在阿尔卑斯山谷中乘汽车兜风，匆匆忙忙地疾驰而过，无暇一回首流连风景，于是这丰富华丽的世界便成为一个了无生趣的囚牢。这是一件多么可惋惜的事啊！

朋友，在告别之前，我采用阿尔卑斯山路上的标语，在中国人告别习用语之下加上三个字奉赠：

"慢慢走，欣赏啊！"

——摘自朱光潜《慢慢走，欣赏啊》

这是现代美学的开拓者、奠基人朱光潜先生在《谈美》中对青年人的寄语。"慢慢走，欣赏啊！"是在告诉青年人学会欣赏，学会用寻找美、发现美的眼光去看待周围的事物。当代大学生面临着学业提升的压力、职业选择的彷徨、事业初创的艰辛，这些难免让他们感到迷茫与无措。朱光潜先生90多年前的叮嘱，到今天依然值得我们品读。

眼中所见，是心灵的呈现。正如朱自清在走进自然中发现了春天之美，写出了著名的《春》；史铁生在母亲的"好好儿活"中发现了母爱之美，凝聚成感人的《秋天的怀念》；莫怀戚从祖孙三代在田野里散步中发现了责任之美，一篇《散步》娓娓道来……

我们的生活处处都是美，让我们带着"如何去发现美"的思考，走进美的课堂，在美的熏陶中创造更加绚烂的人生吧！

课中任务合作——品美之韵

任务一 了解美的基础知识

什么是美？这是美学最古老且至今仍未有圆满答案的问题，怎样理解和回答这一问题，往往直接影响着对美学领域其他问题的探讨。因此，对"美"的理解的展开，可以从追问"什么是美"这一最基本的问题开始。

一、思考与讨论：什么是美

当我们谈论"美"这一概念时，我们的"所指"是有层次性的，有表层的、有深层的，有实体的、有虚拟的，有直接的视听愉悦、有间接的精神愉悦。比如，我们说奥古斯特·罗丹的雕塑作品《思想者》（见图1-1）很美，那我们的"美"可能包含这样几层含义。第一层是"美"的物质实在层，指这个雕塑的材质本身具有光泽，颜色悦目，硬度上佳；第二层是"美"的形式符号层，指这个雕塑呈现的视觉形象比例协调，线条优美；第三层是"美"的历史意蕴层，指美的形象引发的人们对道德美、正义美的感受，是人们欣赏到的人类文化的美；第四层是"美"的哲学超验层，指人们由视觉形象升华出来的对普遍真理的感悟，是一种由感性的美上升到理性形态的美。其中，第一、二层含义是表层的、实体的、直接的视听愉悦，第三、四层是深层的、虚拟的、间接的精神愉悦。所以，我们在说"美"时，应注意到，美本身就是一个具有层次性的概念。

人们在阐释"美"的时候，"所指"也不尽相同。有人把美等同于美的本质，有人把美等同于美的对象，还有人把美等同于美的感受。这种不同的"所指"也导致了人们对美的本质分析众说纷纭，但是，无论持有怎样的意见，"美是存在的"这一事实是不可否认的。

图1-1 奥古斯特·罗丹《思想者》

过程性指导	
探究方法	1. 头脑风暴：共享课前准备的关于美的图片、实物、音频、视频等资料，围绕"美在哪里"畅所欲言。 2. 岗课结合：结合自身专业特点及岗位需求，谈谈它们的美体现在哪些方面。
注意事项	尽量透过美的现象，探寻美的本质。

二、总结与归纳：美的特征

许多美的事物都可以找到它们美的共同点，其中，形象性、感染性、创造性是美的三大主要特征。美的特征并不是孤立存在的，而是相互交织、相互影响的。

（一）形象性

美的形象性是指美的事物通过具体可感的形象来呈现其内在属性和审美价值的特性。它使人们能够直观地感知美、欣赏美，进而产生审美愉悦。车尔尼雪夫斯基认为，"形象在美的领域中

探寻美的"气质"

占着统治地位。"美的形象性使得美具有了具体、生动、感人的特点，是人们对美进行感知、理解和评价的重要依据。如黄山之美（见图1-2），就是通过它壮美的形态、坚硬的巨石、苍劲的青松构成的整体形象呈现出来的；旭日之美（见图1-3），是通过金色的朝阳、袅袅的云雾、瑰丽的霞光渲染出来的。

	过程性指导
探究方法	1. 小组讨论：在上一活动的基础上，讨论资料所呈现的"美的共同点"。 2. 上台展示：小组代表展示讨论成果。
注意事项	发散思维，进行头脑风暴。

图1-2 黄山之美　　　　　图1-3 旭日之美

（二）感染性

美的感染性是指美的事物能够引起人们的情感共鸣，使人们在心理和情感上受到感染和影响的特性。形美以感目，音美以感耳，意美以感心。无论是欣赏名山大川，还是聆听美妙音乐，抑或是阅读经典文学，都会使人陶醉其中。这是因为它们的美都具有巨大的感染力，能直接诉诸人的审美情感，起到以情感人、以情悦人的作用。

（三）创造性

美的创造性是指美具有摆脱束缚、自由开放、变化创新的特性。比如，自然美是被人们发现的美，这种发现本身就包含着创造性；艺术美是经过人们艺术加工的美，形式新颖，思想独特，具有独创性。人的核心力量在于创造，美的生命力也在于创造，有无创造性是区别美与丑、非凡与平庸的重要标志。

三、探索与体验：美的表现

美是事物的属性，对于事物的存在形式具有依赖性和从属性。因此，美的表现形式一般是与它所依附的事物相一致的。概括来讲，主要有以下几种形式：

（一）视觉形象

视觉形象是事物存在的一种基本形态，也是美的主要表现形式之一。不论是自然美、艺术美、技术美、科学美，还是健康美、勤劳美、生活美、社会美，大都具有视觉形象。如幽静的亭台（见图1-4）、多彩的绣球（见图1-5）都是直观的视觉形象。通过欣赏这些视觉形象，可以使我们更好地体验审美带来的身心愉悦。

	过程性指导
探究方法	1.沉浸式体验：结合教师提供的音视频资料及营造的体验氛围，切实感受美的表现形式。 2.多样性展示：结合所学的"美的特征"，用自己的方式"呈现美"，形式不限。
注意事项	"呈现美"环节可单人呈现，也可多人合作呈现。

图1-4 幽静的亭台

图1-5 多彩的绣球

（二）真实情境

真实情境是自然美和生活美的主要表现形式，强调的是在自然和生活场景中，事物本来的、未经修饰的、真实存在的状态。真实情境所展现出的美，更具有亲和力和感染力，让人感受到生活的韵味和自然的魅力。如俊秀的山峰（见图1-6）、辽阔的原野（见图1-7）、潺潺的流水等，往往使人心旷神怡、轻松惬意。真实情境丰富了我们的审美体验，使我们更加珍惜和关注现实生活中的美好瞬间。

图1-6 俊秀的山峰

图1-7 辽阔的原野

（三）文化意象

文化意象是人类思想美和精神美的主要表现形式，这种表现形式以自然事物为基础，通过赋予它们一定的思想和精神内涵，使其成为一个个文化意象，借以表现思想美和精神美。比如，人们在诗文中读到"明月"（见图1-8）、"杨柳"、"红豆"，多会产生团圆、惜别、相思之情；看到"蜡梅"（见图1-9）、"荷花"、"劲松"，便会油然而生独立、高洁、坚韧之意。这些事物不再是事物本身，而成为具有思想美和精神美的文化意象。

图1-8　明月

图1-9　蜡梅

（四）感官知觉

感官知觉是人们通过品尝、触摸、聆听等行为而获得的一种直接、深刻、多样化的审美体验，不仅让人们感受到丰富多彩的美好事物，而且丰富了人们的精神世界，在日常生活中发挥着重要作用。比如，蛋糕的香甜之美（见图1-10）、田园的舒适之美、音乐的惬意之美和骑射的快意之美（见图1-11），都是通过感官知觉表现出来的。

图1-10　蛋糕的香甜之美

图1-11　骑射的快意之美

（五）心理感受

心理感受是人们对美好事物的内在体验和认知评价，人们可以在社会活动中真切地体验到，也可以在艺术作品中深刻地感受到。比如亲情美、友情美和爱情美，都是以心理感受的形式存在的。我们在阅读散文《我与地坛》时，会被朴素深沉的母爱感动；我们在遇到困难坎坷时，会被雪中送炭的友情感动；我们在欣赏电影《庐山恋》时，会被坚贞不渝的爱情感动。

任务二　了解美育的基础知识

中国近现代著名民主革命家、教育家蔡元培曾说："美育之目的，在陶冶活泼敏锐之心灵，养成高尚纯洁之人格。"了解美育的概念、感悟美育的力量，对于新时代的大学生来说具有重要意义。

一、理解并掌握：什么是美育

美育，又称审美教育，它以生动、直观的形象为载体，通过寓教于乐、潜移默化的方式，培养和提高学生感受美、鉴赏美和创造美的能力，使学生树立正确的审美观念、健康的审美情趣和高尚的审美情操，最终促进学生全面发展。

广义的美育和狭义的美育

对美育的理解，一般有狭义和广义两种。狭义的美育通常被认为是艺术教育，即通过鉴赏艺术作品对人产生潜移默化的影响，提高人的审美能力。广义的美育是一种兼容美感教育、情感教育、人格教育、艺术教育、快乐教育等的综合教育，其内容不仅包括艺术美，也包括自然美、技术美、科学美、健康美、勤劳美、生活美、社会美等。

二、探究与表达：美育在职业教育中的作用

党的十八大以来，党和国家高度重视学校美育工作。2018年9月，习近平总书记在全国教育大会上强调，"要全面加强和改进学校美育，坚持以美育人、以文化人，提高学生审美和人文素养。"2019年4月《教育部关于切实加强新时代高等学校美育工作的意见》、2020年10月《关于全面加强和改进新时代学校美育工作的意见》、2023年12月《教育部关于全面实施学校美育浸润行动的通知》等系列文件的出台，充分彰显了国家对美育工作的高度重视。新时代学校美育扎根中国大地，以"大美"涵润"大德"，发挥着以美育人、以美化人、以美培元的独特功

美育的力量

能。而对于职业教育来说，也在"德技并修"的同时加强"技美共育"，通过富有职业教育特色的美育活动融美育德、融美于技、融美塑人。

（一）树立正确审美观

审美观是人的世界观、人生观、价值观在审美实践中的体现，是人们辨别美丑的基本观点。而美育作为心灵教育、审美教育、人格教育的综合体，通过展现具体、多彩的可感形象，对"真假难辨""善恶合流""美丑错位"的精神乱象加以反拨、省思与正向引导，进而解蔽学生精神生活的困顿与异化，将理想之美内化为精神需求，培养与社会主义核心价值观相适应的审美观，促进学生在追求真善美的和谐统一中理解人生的真谛。

过程性指导	
探究方法	1. 小组讨论：作为职业院校的学生，美育对自身发展的作用。 2. 小组展示：推荐一人上台谈感受。 3. 多元评价：进行学生自评、组内互评、组间互评、教师评价。
注意事项	结合自身实际谈感受，要言之有物。

（二）提升审美能力

审美能力是对美的事物的感知力、鉴别力、理解力，是促进个体实现全面发展的重要能力。审美能力在一定程度上受先天因素的影响，但主要是后天的审美训练和审美教育的结果。美育对于提高学生的审美能力，促进学生的全面发展有着不可替代的作用。通过形式多样的课内美育活动（见图1-12）和课外美育实践（见图1-13），学生可以充分参与审美实践，感受、体验美的事物，进而逐渐提高自身的审美能力。

图1-12　课内美育活动

图1-13　课外美育实践

（三）陶冶高尚情操

审美教育是情感的教育。蔡元培曾说："纯粹之美育，所以陶养吾人之感情，使有高尚纯洁之习惯，而使人我之见、利己损人之思念，以渐消沮者也。"由此可见，美育可以浸润人的心灵，陶冶人的情操。美育能以美的形象、美的韵味、美的形式、美的情感，通过"寓教于乐"的方式，使学生受到鲜明的形象感染和高尚的情感熏陶，如品茶（见图1-14）、听曲（见图1-15）等，都可以起到修炼心性、振奋精神的作用。

图1-14 品茶

图1-15 听曲

（四）激发创新能力

党的二十大报告提出"深入实施科教兴国战略、人才强国战略、创新驱动发展战略"，指出"科技是第一生产力、人才是第一资源、创新是第一动力"。科技需要创新，创新需要人才，人才需要教育，三者有机融合、密不可分。培养和提高创新能力，是美育的直接落脚点。美育活动的开展，可以增强学生的感受力和想象力，调动主观能动性，从而激发创新能力。

（五）增强文化自信

随着全球化的不断深入，世界各国文化相互交融。中华优秀传统文化（见图1-16）、革命文化和社会主义先进文化，蕴含着中华民族深邃而独到的审美智慧和审美观念。通过鉴赏不同文化的美，学生可以从中汲取养分，从而增进中国特色社会主义文化认同，坚守中华文化立场，展现中华审美风范，弘扬中华美育精神，让承载着文化自信的美融入血液、慰藉心灵、支撑信仰。

扫一扫

身边的"红歌"

图1-16 中华优秀传统文化——戏曲

没有高质量的美育就没有高质量的教育

党的二十大报告指出,"坚持以人民为中心发展教育,加快建设高质量教育体系,发展素质教育,促进教育公平。"

美育是纯洁道德、丰富精神的重要源泉,对于立德树人具有不可替代的作用。没有高质量的美育,就没有高质量的教育。加强大学生美育,是推进高质量教育体系建设的必然要求。对于职业院校来说,更要树立大美育观,结合不同专业的学生特点,通过"美育+专业技能""美育+X证书""美育+技能大赛""美育+社会服务"等富有职业教育特色的美育活动,构建新时代中国职教美育新格局。

三、思考与讨论:美育与其他四育的关系

美育与德育、智育、体育、劳动教育有着不可分割的关系,美育贯穿于其他四育之中,是素质教育十分重要的内容。

在2018年9月的全国教育大会上,我国首次完整地提出"培养德智体美劳全面发展的社会主义建设者和接班人"的教育方针。2022年10月,党的二十大报告指出,"要落实立德树人根本任务,培养德智体美劳全面发展的社会主义建设者和接班人,加快建设高质量教育体系,发展素质教育。"

"五育"中的春雨——美育

(一)美育与德育——以美引善

在德智体美劳"五育"之中,德育和美育的契合度最高,两者的终极目标一致,都是融合在非功利性的"美"上,培养完美人格。

德育以美为内核,不讲美的德育不能称为德育;美育以德为目标,不以形成良好品德为目标的美育,好似没有灵魂的技术训练,而非真正的美育。蔡元培曾说:"提出美育,因为美感是普遍性,可以破人我彼此的偏见;美感是超越性,可以破生死利害的顾忌,在教育上应特别注重。"美的东西容易使人忘乎人我之分,除去利害之见,从而使人形成高尚的品格。因此,美育在德育中具有十分重要的意义。

新时代大学生美育与德育的实现路径

2019年4月30日,习近平总书记在纪念五四运动100周年大会中指出:"青年要把正确的道德认知、自觉的道德养成、积极的道德实践紧密结合起来,不断修身立德,打牢道德根基,在人生道路上走得更正、走得更远。"

正确的道德认知、自觉的道德养成、积极的道德实践都以美为内核,美育以润物无声的形式推动着德育向纵深发展。

作为新时代的大学生,我们应加强品德锤炼,自觉树立和践行社会主义核心价值观,以美引善、以美育德,自觉用中华优秀传统文化、革命文化、社会主义先进文化培根铸魂,启智润心,努力成长为堪当民族复兴大任的时代新人。

(二)美育与智育——以美启真

美育与智育相互区别、彼此独立,又相互渗透、相辅相成。蔡元培曾提出,"各门学科无不于智育作用之中,含有美育之元素。"

智育主要是传授知识和技能的教育,其目的是提高人们认识和把握客观世界规律的能力,解决"真"的问题。美育对于智育的实施有着不可忽视的作用,能够以美启真。人们通过对自然美、社会美、科学美、艺术美的欣赏,可以在愉悦精神的同时,了解自然、历史、社会,获得各种自然科学和社会科学知识。美育对智育的影响,还能深入到生命初期的智力启蒙和人生最重要的学校教育时期。因此,在职业教育中,以美启真,也有利于调动学生的学习兴趣,便于学生认识和掌握事物的内在规律,成为新时代高素质技术技能人才。

美育与智育的奇妙联系

很多著名科学家的生活都离不开音乐、诗歌、绘画等艺术。歌德既是诗人、文学家,又是杰出的科学家。达·芬奇集科学家、工程师、画家等身份于一身。"国家杰出贡献科学家"钱学森曾表示,他的创造发明一半要归功于自己的妻子,因为他的许多创造灵感是在欣赏妻子弹奏曲子时产生的。他说:"艺术所包含的诗情画意和对于人生的深刻理解,使得我丰富了对世界的认识,学会了艺术的发散思维方法。"

(三)美育与体育——以美健身

美育和体育在塑造人的内在美和外在美方面,起着互相协调、相互促进的作用。绝大多数体育运动都遵循美学原理,与美育交叉融合。

体育运动可以促进人体骨骼发育和肌肉生长,使人保持健康舒适的身体状态,即达到身体美。例如,健美操(见图1-17)有助于改善体形,培养优美端庄的体态。体育运动又是一项注重身体平衡协调的活动,可以使观赏者和运动者获得良好的审美体验。例如,在欣赏有音乐伴奏的艺术体操和花样滑冰时,人们可以获得视觉、听觉上的审美享受，运动者自身也会产生愉悦的美感。因此，体育是实施美育的重要方式之一，而美育则是体育的内在追求和目标之一。在体育中引进美育原则，挖掘体育实践中的美育元素，有利于促进学生生理和心理的和谐发展。

图1-17　健美操

（四）美育与劳动教育——以美促劳

高尔基说："劳动是世界上一切欢乐和一切美好事情的源泉。"这句话道出了"美""劳"之间的联系。

劳动教育是审美教育的一部分，劳动创造了审美主体和客体，孕育着丰富的美育因子，人们通过劳动能发现美、培育美、创造美。学校开展审美教育活动，不仅能提高学生的审美能力，还能培养创造美、表现美的能力。创造美、表现美的过程中又含有劳动教育的因素，如手工劳作（见图1-18）、志愿活动（见图1-19）等。学生参与实践活动，既能接受劳动教育，锻炼劳动技能，又能提高审美能力。同时，美好的事物、美好的情感反过来又能激发劳动积极性、主动性、创造性，即以美促劳。因此，只有"美劳共生"，才能将两者更深层次的教育价值发掘出来，并通过有效的开发与整合，达到价值最大化。

图1-18　手工劳作

图1-19　志愿活动

由此可见，美育与德育、智育、体育、劳动教育之间彼此联系，相互促进。充分发挥美育在"五育"中的"统整"与"渗融"功能，可以更好地培养新时代德智体美劳全面发展的社会主义建设者和接班人。

课后创造升华——悟美之道

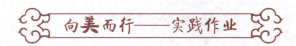

项目实践活动

🍂 活动描述

以"生活中的美"为主题拍摄 3 分钟内的微视频,拍摄形式不限,要求画质清晰流畅,内容积极向上。

🍂 任务实施

1. 学生自由分组,5~8 人为一组,并填写实践活动记录表(见表 1-2)。
2. 各小组在课堂演示,指导教师对演示情况进行评分。

表 1-2 实践活动记录表

专业:_____ 班级:_____ 小组:_____ 指导教师:_____

活动安排情况		活动完成情况		活动评价情况			
小组成员	活动分工	活动项目	活动内容	评价项目	评价内容	分值	得分
		微视频名称		知识、技能评价(70%)	紧扣主题,立意鲜明,积极健康	15	
		创意来源			内容丰富,富有创意,触动人心	30	
					画面清晰流畅,构图美观,镜头稳定	15	
		内容概况			配乐得当,能够渲染主题,升华内容	10	
		配乐		素养评价(30%)	弘扬社会主义核心价值观,具有正确的审美观和健康的审美情趣	15	
		道具			具有良好的团队精神和团队协作能力	15	
		拍摄情况		评价和建议		活动总分	

项目一 心灵与情操的浸润滋养——美和美育

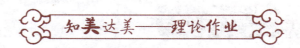

项目学习效果检测

基础型练习

一、填空题

1. 美包含（　　）、形式符号层、历史意蕴层和哲学超验层四层含义。
2. 美具有形象性、感染性、（　　）的特征,所以人们都喜欢它、追求它、乐于接受它的感染与熏陶。

二、选择题

1. 雕塑《思想者》的作者是法国艺术家（　　）。
   A. 奥古斯特·罗丹
   B. 米开朗琪罗
   C. 多纳泰罗
   D. 亨利·斯宾塞·摩尔

2. 在中国古典诗词中,有很多关于"明月"的诗,有的令人顿生思念之情,有的使人油然而生悲伤之感,这体现了（　　）是美的表现形式之一。
   A. 视觉形象
   B. 真实情境
   C. 文化意象
   D. 感官知觉

三、简答题

1. 简述什么是美。
2. 请举例说明美育对于你所学的专业及未来职业的作用。

拓展型练习

一、填空题

1. 美具有视觉形象、真实情境、（　　）、感官知觉和心理感受五种表现形式。
2. 审美观是人的世界观、人生观、价值观在（　　）中的体现,是人们辨别美丑的基本观点。

二、选择题

1. 高尔基说:"(　　)是世界上一切欢乐和一切美好事情的源泉。"
   A. 劳动
   B. 体育
   C. 思想品德
   D. 智力

2. 我们在阅读文学作品时,时而潸然泪下,时而开怀大笑,这体现了美的表现形式中的(　　)。
   A. 心理感受
   B. 真实情境
   C. 感官知觉
   D. 文化意象

三、判断题

1. 审美能力在一定程度上受先天因素的影响,但主要是后天的审美训练和审美教育的结果。(　　)

2. 随着全球化的不断深入,世界各国文化相互交融。中华优秀传统文化、革命文化和社会主义先进文化,蕴含着中华民族深邃而独到的审美智慧与审美观念。通过鉴赏不同文化的美,我们可以从中汲取养分,从而增进中国特色社会主义文化认同。(　　)

四、简答题

1. 简述什么是美育。
2. 请举例说明美育与德育、智育、体育、劳动教育的关系。

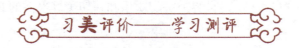

项目学习评价标准

请根据项目学习评价标准表（见表1-3）完成多元化评价。

表1-3 项目学习评价标准表

学习目标	项目子任务	考核内容	评价等级 A	评价等级 B	评价等级 C	得分
知识目标和能力目标达成度	了解美的基础知识	能够阐述美的概念	5	4	3	
		能够举例说明美的特征	5	4	3	
		能够结合生活实际，阐述美的表现形式	15	12	9	
	了解美育的基础知识	能够阐述美育的概念	15	12	9	
		能够结合自身专业和岗位需求，阐述美育的作用	10	8	6	
		能够举例说明美育与德育、智育、体育、劳动教育的关系	10	8	6	
素养目标达成度	陶冶高尚情操，树立正确的审美观，增强文化自信和民族自信	陶冶高尚情操，塑造美好心灵，弘扬美育精神。树立正确的审美观念，培养健康的审美情趣	20	16	12	
		增强文化自信和民族自信，努力成为德智体美劳全面发展的社会主义建设者和接班人	20	16	12	
教师评语		总分（定量评价）				
专家点评		评定结果（定性评价）	□优秀　□良好	□合格　□不合格		

备注：
1. 本项目学习内容可结合学习目标，采用教师评价、学生自评、学生互评、专家点评等方式进行多元化评价。
2. 90~100分为优秀；70~89分为良好；60~69分为合格；60分以下为不合格。

项目二
实用与审美的完美契合
——实用艺术

项目引言

  实用艺术是一种强调实用性和功能性的艺术形式。与纯粹的艺术有所不同，它强调艺术与生活的融合，在设计中追求美感与实用的平衡，并通过两者的结合，为人们提供具有创造性和功能性的艺术品。让我们走进建筑艺术及工艺美术的世界，开启实用与审美完美契合的旅程吧。

【学习目标】

🌸 知识目标

1. 了解建筑及工艺美术的发展概况、分类及表现手段。
2. 掌握建筑及工艺美术的审美特征。

🌸 能力目标

1. 能够运用所学知识发掘建筑及工艺美术作品之美。
2. 能够通过欣赏建筑及工艺美术作品，体悟其蕴含的历史文化意义和思想内涵。

🌸 素养目标

1. 感悟建筑及工艺美术作品背后的文化底蕴，增强文化认同，尊重文化的多样性。
2. 体悟中国古代建筑"中正平和""天人合一"的理念，树立爱家爱国的意识。

【思维导图】

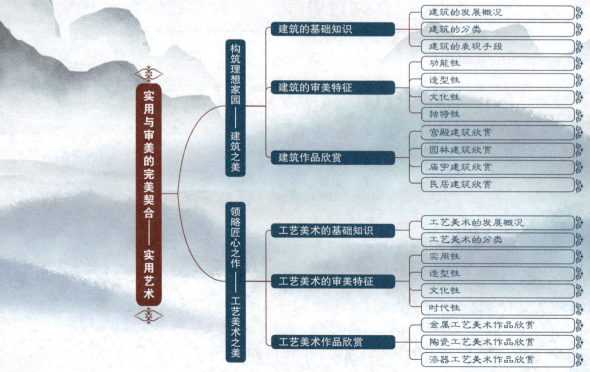

【任务清单】

完成一项学习任务后,请在表 2-1 对应处打钩。

表 2-1　任务完成情况记录表

任务阶段	任务名称	任务分解	完成情况	心得记录
课前准备	寻美之迹	准备学习用品,搜集关于建筑、工艺美术等资料		
		预习课本知识,形成对建筑、工艺美术的初步印象		
课中探究	品美之韵	了解中国建筑、工艺美术的发展概况及分类		
		了解作品的创作背景和历史意义,体会作品的思想内涵		
		掌握中国建筑、工艺美术的表现手段和审美特征		
		通过赏析北京故宫、佛宫寺释迦塔等建筑作品,了解历史,感知现实,探究其背后的历史文化意义和思想内涵;		
		通过赏析后母戊鼎、五彩鱼藻纹盖罐等工艺美术作品,体悟时代的变迁、社会的进步,感受历代中华儿女积极向上的精神风貌,增强民族自豪感		
课后实践	悟美之道	与同学积极配合,参与课后"家乡的最美建筑"实践活动,提高艺术鉴赏能力、团队协作能力和人际交往能力		
		运用所学知识赏析建筑及工艺美术之美,能以审美的眼光观察生活,发现美、感受美、表现美、鉴赏美、创造美,提升审美素养		

课前自主探究——寻美之迹

五步一楼，十步一阁；廊腰缦回，檐牙高啄；各抱地势，钩心斗角。盘盘焉，囷囷焉，蜂房水涡，矗不知其几千万落。

这段文字节选自唐代文学家杜牧的《阿房宫赋》。作者用精湛的文笔描绘了阿房宫建筑的宏伟大气，五步一座楼，十步一个阁，走廊如绸缎般萦绕，飞檐向高处轻啄，亭台楼阁、飞檐青瓦、钩心斗角、曲折回旋。鸟瞰，如密集的蜂巢，似旋转的水涡，整个建筑精致雅韵又不失大气磅礴。

在中国古老的大地上，保留着各式各样的传统建筑。有庄严宏大的宫殿庙宇、有粉墙黛瓦的水乡园林，有各具特色的民居村落，有曲径通幽的廊庑水榭，有巧夺天工的楼阁亭台……这些饱含历史韵味的传统建筑精湛绝伦，以高超的建筑技艺、独特的艺术魅力、深厚的文化底蕴彰显着中国古代建筑之美。

法国作家雨果说："建筑是用石头写成的史书。"作为人类最值得骄傲的文明之一，建筑可以跨越历史，流传千年，见证时代的变迁。每一座建筑的一砖一瓦、一木一石无不凝聚着人类的智慧和才华，展现着时代的精神和风貌，散发着无法抵挡的艺术之美。

课中任务合作——品美之韵

任务一 构筑理想家园——建筑之美

一、理解并掌握：建筑的基础知识

建筑是凝固的艺术，它起源于人类劳动实践，有遮风挡雨、躲避群害的实用性。建筑艺术是一门将建筑与艺术相结合的空间艺术，旨在通过创造性的设计和空间布局，为建筑赋予美学价值和审美价值。这种艺术形式通过对形状、结构、材料和空间的审美处理，创造出具有独特风格和美感的建筑作品。

（一）建筑的发展概况

1. 原始社会时期

远古时期，我们的祖先常常借助自然资源遮风挡雨，躲避猛兽的袭击。旧石器

时代，人类利用天然洞穴作为栖息之所。新石器时代，人类开始有意识地用木结构、草泥来建造房屋，进而逐步掌握在地面营建房屋的技术，用来满足最基本的居住和活动需求。此时的建筑基本可以分为南北两大系。南方建筑出现在长江流域，由于该地区多水易潮湿，所以在房屋建造方面，多采用榫卯技术来构建房屋，出现了典型的干阑式建筑，如浙江余姚河姆渡村建筑遗址；北方建筑出现在黄河流域，以黄土层为墙壁，以木构架搭建住所结构，以草泥建造住所实体，出现了木骨泥墙式房屋，如西安半坡遗址、临潼姜寨遗址。

游历中国古代建筑

	过程性指导
探究方法	1. 图片分享：组内分享课前搜集的建筑之美的图片。 2. 小组讨论：讨论"什么是建筑"。 3. 课堂练习：完成"建筑连连看"游戏。
注意事项	准确理解建筑的含义。

2. 夏商周时期

夏商周时期是中国古代文明的开端。这一时期，人们开始采用木材、土坯等材料进行建造，被认为是中国古代建筑的起点。商朝已经拥有了较为成熟的夯土技术，并建造了大批宫室、宗庙、陵墓和前所未有的院落群体组合，如位于河南安阳的商朝晚期都城遗址——殷墟，建筑多建于长方形土台上，布局已具庭院雏形。作为这一时期都城建筑的典型代表，安阳殷墟于2006年被列入《世界遗产名录》。

到了西周，各国的都城建筑均为夯土建筑。最具代表性的建筑遗址当属陕西岐山凤雏村的"中国第一四合院"，是一处二进院的宗庙建筑。除此之外，西周在建筑上最大的成就是瓦的发明。瓦的出现解决了房屋漏水问题，是中国古代建筑的一大进步。

春秋战国时期是中国古代建筑发展的重要时期。这一时期宫殿建筑的特色是"高台榭、美宫室"。人们开始采用砖石等材料建筑房屋，最具代表性的是山东曲阜的孔庙（见图2-1）。孔庙是祭祀我国春秋时期思想家、政治家、教育家孔子的庙

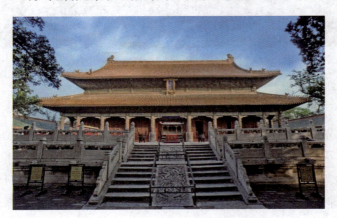

图2-1　曲阜孔庙

宇，建于公元前 478 年，是在孔子的故居上改建而成的。在众多祭祀孔子的庙宇中，曲阜孔庙是全国最大、最典型，也是最古老的庙宇。它与北京故宫、承德避暑山庄并称"中国三大古建筑群"。

3. 秦汉时期

秦汉时期是中国古代建筑发展的黄金时期。这一时期，建筑主体的木构架发展趋于成熟，斗拱结构广泛使用在一些大型的建筑物上。屋顶出现庑殿、歇山、悬山、攒尖等多样化的建筑形式。人们开始采用砖石结构建筑房屋，建造技术和工艺有了很大的进步。最著名的建筑是秦始皇陵和汉长城。秦始皇陵是中国古代建筑中规模最大、工程最复杂的陵墓；汉长城是中国古代建筑中最长、最壮丽的防御工事。这些建筑和工程都表现出中国建筑宏大壮美的风格和气派。

汉代末年，佛教建筑发展起来。从汉末经三国、两晋到南北朝，人们开始注重建筑的装饰和美学，出现了一批精美的佛教寺庙建筑、宫殿建筑等。值得一提的是，这些寺庙建筑不仅数量惊人，而且依山开建，凿石窟、造佛像、刻佛经，建造方式堪称一绝，是中国古代建筑史的一项伟大工程。如山西大同的云冈石窟（见图2-2）、河南洛阳的龙门石窟等，至今仍是中国乃至世界建筑史上的壮美奇观。

图 2-2　山西大同云冈石窟

4. 隋唐时期

隋唐时期是中国古代建筑发展的巅峰时期。这个时期建筑的特点是规模宏大、气魄雄浑、规划严整。隋朝的建筑造诣主要表现在兴建都城、建造宫殿、开通运河、修筑长城等。唐朝兴建的长安城是古代中国及世界最宏大的城市，规划风格也是中国古代都城中最为严整的。大唐皇宫——大明宫曾是世界上面积最大的宫殿群，凝聚了千百年来的东方建筑美学智慧，被称为"中国宫殿建筑的巅峰之作"。

这一时期，木结构建筑实现了结构构建与艺术加工的有机结合，更为精巧，更具造型艺术性。如山西省五台山的佛光寺（见图 2-3），就是唐代木结构建筑的代表，也是我国现存唯一的唐代殿堂式木结构建筑。与此同时，砖石建筑也得到发展，应用逐步增多，以一些宗教建筑为典型代表，如西安大雁塔（见图 2-4）、玄奘塔等。这些建筑无论布局还是造型都具有非常高的艺术水平，可以说是中国封建社会前期建筑的一个高峰。

图 2-3　佛光寺

图 2-4　大雁塔

5. 宋元时期

北宋以来，建筑风格一改唐代宏大雄浑的气势，向细腻、纤巧方向发展。在建筑装饰上也更为细致讲究。此时的斗拱体系、建筑的构造技艺达到了很高的水平。1103 年，朝廷颁布的《营造法式》反映出中国古代建筑在工程技术与施工管理方面已达到一个新的历史水平。

元代建筑多采用白色，在建筑布局上比宋代更为成熟，但因建筑工程技术水平较低，减少了对木构架结构的使用，在建筑规模和质量上都不及前朝。尤其在北方地区，很多寺庙的建筑都略显粗糙，用料也极为草率。

6. 明清时期

明清时期，人们继续发扬唐宋时期的建筑风格，民间建筑水平提高，出现了一些宏伟的建筑，如大型宫殿、帝陵以及佛塔、道观、城垣、民居等。这一时期的建筑大多得以保存，构成了中国古代建筑史上的光辉篇章。其中，故宫是中国古代建筑中规模最大、保存最完整的宫殿建筑。颐和园是中国古代建筑中最美丽、最精致的园林建筑之一。

这一时期，中国古代建筑出现又一个高峰，总体风格呈现形体简练、细节繁复的特点。斗拱结构的功能作用减小，装饰美化作用增大；梁柱构架整体性加强，屋顶的线条不再趋于柔和，呈现出拘束但稳重严谨的风格；砖石已普遍用于民居的房屋建造，空斗墙的使用节省了成本，推动了砖石运用的普及；建筑装饰趋向程序化、定型化，多采用琉璃瓦、红色墙、汉白玉基、青绿点金彩画等，形成鲜明色调，给人以强烈对比，呈现出极为富丽的装饰效果。

美之漫谈

"如鸟斯革，如翚斯飞"——传统屋顶的建筑艺术

中国古建筑分为台基、屋身和屋顶三部分，而屋顶又由山墙、屋面和屋脊三部分构成。

中国古建筑屋顶可分为庑殿、歇山、悬山、硬山、攒尖五种形式。庑殿顶（见图2-5）屋面四坡五脊，由一条正脊和四条垂脊组成；歇山顶（见图2-6）有九条脊，一条正脊、四条垂脊和四条戗脊，前后左右也有四个坡面，左右两个坡面比庑殿顶要低；悬山顶，即悬山式屋顶，有一条正脊，四条垂脊，宋朝时称"不厦两头造"，清朝称"悬山""挑山"，又名"出山"；硬山顶有一条正脊，四条垂脊，形成两面屋坡，左右侧面多用砖石垒砌山墙，高出屋顶，屋顶的檩木不外悬出山墙，屋面夹于两边山墙之间；攒尖顶无正脊，只有垂脊，只应用于面积不大的楼、阁、塔等，平面多为正多边形和圆形，顶部有宝顶。

图2-5　庑殿顶

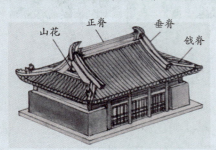

图2-6　歇山顶

（二）建筑的分类

中国古代建筑是中国五千年文明的重要遗产，不仅体现了古代人民的建筑技艺，也富含着深厚的文化内涵和哲学思想。中国古代建筑类型多样，包括宫殿、民居、庙宇、园林等，在历史长河中逐渐形成了独具特色的建筑风格。

凝固的诗篇——建筑的分类

1. 宫殿建筑

宫殿建筑，又称宫廷建筑，为古代建筑之精华，是统治者为了满足政治和生活需要而建造的建筑群体。宫殿建筑大都巍峨壮观，气势恢宏，富丽堂皇，堪称古代建筑之典范。

在中国，宫殿建筑的艺术成

	过程性指导
探究方法	1. 图片辨析：参与游戏"建筑找不同"，辨析图片里的建筑类型。 2. 小组讨论：讨论各个建筑的特点。 3. 上台阐述：阐述各个建筑的特点，并说出不同之处及种类归属。
注意事项	从造型、色彩、布局、结构、功能等方面认真辨析。

就尤为显著。在全球最负盛名的十大宫殿建筑中，北京故宫以其规模宏大、保存完好、艺术价值高而著称，是世界上现存规模最大、保存最为完整的木质结构宫殿建筑群。当步入故宫，映入眼帘的一砖一瓦，一木一石，一屋一檐，一柱一梁，无不展现着这座古老建筑立柱架梁的精巧，反映着古代劳动人民筑土凿石的勤劳。宏伟的规模、严谨的布局、精湛的工艺诉说着中国宫殿建筑的卓越，更展现着中国古代建筑文化的深厚底蕴。

纵观历史，宫殿建筑不仅仅是单一的物理空间，也是皇权的象征、历史的积淀，更是时代变迁的见证、人类文明的缩影，承载着深厚的文化意义。

> **全球最负盛名的十大宫殿建筑**
>
> 宫殿是古代文明的象征，是国家繁荣的记忆，更是一个国家悠久历史的缩影。全球最负盛名的十大宫殿建筑包括北京故宫、布达拉宫、白宫、白金汉宫、克里姆林宫、莱尼姆宫、凡尔赛宫、托普卡普皇宫、贝勒伊宫和卢浮宫，其中，中国独占两席。

2. 民居建筑

民居建筑指在长期历史发展中，因地理环境、民族风俗不同而形成的用以日常居住和生活的建筑，风格独特，具有浓郁的地域特色和民族风情，如北京四合院、湘西吊脚楼、福建土楼、周庄民居（见图2-7）、山西乔家大院（见图2-8）等。

图2-7　周庄民居

图2-8　山西乔家大院

在建筑的设计上，民居建筑注重实用性，以满足居民的基本生活需求。北方四季分明，需冬保暖夏遮阳，民居多为四合院式建筑；南方湿热多雨，需散热通风，民居多为屋顶坡度较大的楼房。在建筑的布局装饰上，民居建筑注重居住的实惠性，少装饰低成本，讲究人与自然、人与社会的和谐共生。除此之外，民居建筑的建筑风格大多融合当地的文化特色和民俗风情，如晋陕"一正两厢"的窄院布局、西北冬暖夏凉的各式窑洞、江浙粉墙黛瓦的徽派建筑都体现出了民居建筑独具地方特色的建筑风格。

3. 庙宇建筑

庙宇建筑是中国传统文化的重要组成部分，是宗教活动的主要场所，通常包括寺、塔、宫、观等建筑，布局上讲究对称与和谐，装饰上注重寓意和象征，充分体现着中国古代庙宇建筑艺术的精髓。

在建筑主体上，庙宇建筑一般多采用木结构或砖石结构，屋顶常覆有青色、绿色等琉璃瓦；内部和外部常饰有彩绘和雕塑，如壁画、佛像、神兽等；有的配以花园、池塘等附属建筑，使庙宇呈现庄重深邃、宁静和谐的意境。在建筑功能上，除用以宗教文化活动外，庙宇建筑也是民间庆典、祈福的主要场所，承载着人们对美好愿景的希冀和企盼。

4. 园林建筑

中国古代园林建筑是将建筑与山石、植物、水池等自然元素紧密结合形成的有机整体，集自然美、建筑美、绘画美及诗意曲韵于一身，综合性最强，艺术性最高。不仅具有观赏价值，也具备实用功能。如亭台楼阁不仅给人以精巧美观的视觉享受，还可供人休息、观景等。

园林建筑布局灵活多变，不受严格的对称和轴线限制，多采用"借景""虚实相生""步移景异"等表现手法，以达到自然和谐、曲径通幽、意境深远的审美效果。园林建造多采用山石、流水、植物等自然材料加工雕刻，组合搭配，营造和谐怡然的自然氛围（见图 2-9）。

中国古代园林分为皇家园林和私家园林两类。皇家园林规模宏大，布局严谨，富丽堂皇，体现了皇权的威严，如北京故宫、颐和园、承德避暑山庄等。私家园林规模较小，布局自由，追求自然和谐，体现文人墨客的审美情趣和淡泊名利的生活态度，如苏州的拙政园（见图 2-10）、留园，无锡的寄畅园等。

中国古代园林建筑是中国文明的重要组成部分，是中国文化艺术的瑰宝。它将人工美和自然美巧妙结合，相地合宜，构园得体，虽由人作，宛若天开，不仅体现了中国古代人民的智慧和创造力，更体现了人与自然和谐共生的东方建筑之美。

图 2-9　和谐怡然的园林

图 2-10　苏州拙政园

5. 当代建筑

当代建筑涵盖了建筑设计、城市规划、建筑技术、材料应用等领域。当代建筑在古代建筑风格和理念的基础上，融入了现代科技和创新思维，建筑视野更加开阔，建筑风格趋于多元，讲究造型的多样化和现代化、建造的技术性和标准化、功能的舒适性和实用性。如黄浦江畔的三幢标志性建筑上海金茂大厦、上海环球金融中心、上海中心大厦（见图2-11），采用不对称布局，以垂直的形态，将城市肌理融入设计，呈现出现代之美；广州塔（见图2-12）腰部收缩、渐变旋转的网格塔身设计，构成了"小蛮腰"纤细挺拔、镂空开放的设计之美。

图2-11　上海金茂大厦、上海环球金融中心、上海中心大厦

图2-12　广州塔

（三）建筑的表现手段

建筑的表现手段用以传达建筑设计意图、表达建筑美学思想，包含空间与结构、形体与比例、均衡与节奏、色彩与装饰等诸多手段。

1. 空间与结构

"空间与结构"是建筑的基本组成部分。空间是建筑的基本形式要素，建筑主要通过创造各种内外空间来满足人们的实际需求。结构是指建筑的骨架和支撑体系，是其能够站立和承受各种荷载的关键。两者相互依存，共同构成了建筑的基本要素，决定了建筑的功能性、美观性和可持续性。充分处理空间与结构的相互关系，可极大增强建筑艺术的表现力。如北京的天坛整体平面是正方形，天坛中央的圜丘是白石砌成的三层圆台，耸立在地面上的圜丘同周围低矮的砖墙形成鲜明对比，这些元素构成的空间结构反映了古代中国人民对天地关系的理解和对自然的敬畏。

2. 形体与比例

"形体与比例"是建筑的重要表现手段。形体指建筑的总体轮廓，比例指巧妙处理建筑各部分之间的比例关系，形体与比例对建筑的美观性和功能性有极大的影响。建筑可以通过线条和形体、尺寸与比例等不同组合方式表达和谐与平衡，突出建筑独特的个性色彩和特有的艺术感染力。如人民大会堂（见图2-13）形体巨大，圆柱尺寸比例协调，"水天一色"的穹隆形顶篷设计，使整个空间变成一个浑圆的整体，很好地解决了超大型空间易造成的比例失调、视觉空旷等问题，给人以壮丽雄伟、柔和亲切之感。

图2-13　人民大会堂

3. 均衡与节奏

"均衡与节奏"是建筑的主要表现手段。均衡指建筑构图上的对称，包含建筑前后、左右、上下各部分的对称。节奏指建筑的墙、柱、门、窗等构成部分通过有规律的变化和排列产生的节奏感和韵律美。均衡与节奏相互关联，使建筑看起来更加稳定和协调，增强了建筑的美观性和功能性，给人以整体的稳定感和舒适感。如北京故宫就是在以太和殿为中心的中轴线上展开的，均衡对称，从天安门过端门到午门，两旁的廊柱有节奏地排列，形成连续不断的空间序列，使整座建筑产生了一种独特的节奏感和韵律美。

4. 色彩与装饰

"色彩与装饰"是建筑极为重要的组成部分。色彩是构成建筑特有艺术形象的一种重要手段。装饰是建筑的有机组成部分，可以起到为其增辉添彩的作用。色彩和装饰的结合，不仅丰富了建筑的审美元素，也使建筑更具艺术美感。如北京故宫，朱红色的围墙、白色的台基、金黄色的琉璃瓦顶、大红色的廊柱门窗，使其色彩（见图2-14）别具一格。翘角飞檐，屋脊走兽，雕饰彩绘共同作用于人们的感官，创造出独特的审美体验和审美效果。

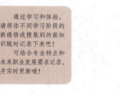 

图2-14　故宫的色彩

二、总结与归纳:建筑的审美特征

车尔尼雪夫斯基说:"建筑作为一种艺术,比其他各种实际活动更专一无二地服从美感要求。"建筑艺术不仅是建筑外观的体现,也是物质内容和精神内涵的体现,是一门综合性较强的艺术。赏析建筑艺术,有利于我们认识文化的多元性和丰富性,拓宽文化视野,提升文化自觉,坚定文化自信。建筑艺术的审美特征主要有功能性、造型性、文化性和独特性。

建筑之美

(一)功能性

功能性,即物质的功能性,是指建筑最基本的属性。建筑最基本的功能是为人们生活、工作、学习和娱乐提供场所,因此,建筑必须和实用联系在一起,建筑的设计必须满足使用者的实用需求。建筑的功能性与人们的审美感受有着密切的联系,功能的好与坏影响着人们的直觉感官和审美感受,所以建筑的审美意义有赖于实用意义。一个好的建筑必须优先考虑建筑的结构、材料、布局、采光、通风、隔音等因素,以确保建筑的最基本属性——功能性。

(二)造型性

造型性,即空间的造型性,是指建筑的外观和内部空间所具有的造型美感。建筑的外观造型包括建筑的形状、比例、线条、材料等。建筑通过布局、结构、光线和色彩等表现手法,表达不同的情感、氛围和意义。如中国古代建筑的斗拱造型,飞檐翘角(见图2-15),层层叠叠,"尽错综之美,穷技巧之变",给人以"静中有动,雄中含秀"的艺术美感,是中国古代建筑精华之所在。

图 2-15 飞檐翘角

释疑解惑

斗拱结构

斗拱，又称枓栱，常用于门楼、廊庑、殿宇等建筑元素上，是中国建筑特有的一种结构。拱是斗拱结构（见图2-16）中最为关键的承重构件，其形状通常呈弓形，可以从柱顶伸出，形成一层层的拱结构。斗是位于拱的端部的方形木块，其上承托拱，起过渡和支撑的作用。斗的形状和尺寸多样，不同斗的设计可应对不同的结构需求。

斗拱结构可以为古代建筑提供有效的结构支撑，能有效分担重力，增强建筑的稳固性。同时，斗拱结构融合了建造和雕刻的艺术性，造型多样，线条优美，既有雄浑的气势，又有柔美的曲线，是中国古代建筑美学的重要表现之一。

作为中国古代建筑中独具特色的一种结构形式，斗拱结构不仅赋予建筑更多的文化内涵和艺术价值，也是中华民族建筑智慧的结晶，反映了我国古代匠师高超的技艺和超卓的审美。

图2-16　斗拱结构

（三）文化性

文化性，即历史文化性。建筑是文化的载体，任何一个民族、一个时代的建筑艺术，都根植于一定的文化土壤，都是那个民族、那个时代文化艺术的物化表现。因此，欣赏建筑艺术，必须加深对建筑艺术文化内涵的发掘和理解。文化性是建筑的重要审美特征，具有不可替代的历史价值。建筑能够记录当时的社会生活、政治经济和人文环境，如古代的建筑遗址、宫殿、寺院、城墙等都是极其重要的历史文化瑰宝，不仅见证了人类文明的发展历程，更是后世血脉相承、文化传承的桥梁。

（四）独特性

独特性，即民族独特性。建筑的独特性指某一民族在长期的历史发展过程中，受地理环境、文化传统、宗教信仰、社会习俗等不同因素影响所形成的具有代表性的建筑风格和特性。独特性一般通过融入特定的建筑风格、装饰符号、艺术元素等来体现。纵观历史，寰看世界，建筑是时代的缩影，是历史的沉淀，是民族的史诗。不同的建筑体现着不同的民族风格（见图2-17），诉说着民族的文化传统、风俗习惯和思想观念，凝聚着独特的民族特色，闪烁着耀眼的民族魅力。

图2-17 具有民族风格的建筑——客家土楼

三、探究与表达：建筑作品欣赏

（一）宫殿建筑欣赏

北京故宫（见图2-18），又称紫禁城，是中国明清两朝的皇宫，也是中国古代建筑规模最大、保存最完整的宫殿建筑群，建于1406—1420年，距今已有600多年的历史。1987年北京故宫被列入《世界遗产名录》。1925年10月10日，故宫博物院正式成立，1961年被列为全国重点文物保护单位。

北京故宫内的建筑主要分为外朝和内廷两个部分。外朝的中心为三大殿，即太和殿、中和殿和保和殿，是国家举行大典的地方。内廷的中心是后三宫，即乾清宫、交泰殿和坤宁宫，是皇帝及皇后居住的寝宫。寝宫后为御花园。东、西六宫位于后三宫两侧，是后妃们日常居住活动的地方。

北京故宫作为中国乃至世界上现存规模最大、保存最完整的木结构古建筑群之一，不仅是建筑艺术的宝库，更是中华五千年文明的历史见证。它凝聚了明清两代皇帝的统治智慧，也蕴含了无数工匠的辛勤汗水。朱墙、红门、一砖一瓦，紫禁城内的每一个建筑都历经岁月的沉淀，见证了波澜壮阔的历史。

图 2-18　北京故宫

（二）园林建筑欣赏

颐和园（见图 2-19）坐落于北京西郊，是中国古代皇家园林的代表作之一。颐和园原为清代的行宫御苑，后经多次重建与修缮，形成如今的规模和风貌。建筑风格集中国古代园林艺术之大成，融南方园林的秀丽与北方园林的雄浑于一体。颐和园的总面积约 290 万平方米，其中水域面积占到了四分之三，主要由万寿山、昆明湖、长廊、佛香阁、排云殿、十七孔桥、仁寿殿、乐寿堂、谐趣园等组成，被誉为"皇家园林博物馆"，是国家重点旅游景点。

图 2-19　颐和园

颐和园的建筑艺术精湛，园内建筑大多采用木结构，装饰华丽，雕刻精细。其中佛香阁是园内的最高建筑，登阁远眺，整个园林美景尽收眼底。长廊是园内的特色建筑，全长 728 米，以其精美的彩绘和宏伟的建筑被世人称道。

颐和园作为中国园林艺术的杰出代表，不仅被列为世界文化遗产，也是国内外游客旅游观光的热点。颐和园集自然之美、建筑之美、文化之美于一身，展示着中国古代园林建筑的精湛工艺，承载着中华民族的文化记忆，是中华民族园林艺术的瑰宝。

（三）庙宇建筑欣赏

佛宫寺释迦塔，又称应县木塔（见图2-20），位于山西省朔州市应县佛宫寺内，始建于1056年，是世界上现存最高大、最古老的纯木结构楼阁式建筑。应县木塔与意大利比萨斜塔、巴黎埃菲尔铁塔并称"世界三大奇塔"。

应县木塔高67.31米，建筑主体以木材为主要材料，整座佛塔由塔基、塔身、塔刹三部分组成，外观五层六檐，实明五暗四，为九层塔。木塔的设计广泛采用斗拱结构，每个斗拱都有一定的组合形式，使得梁、坊、柱结成一个整体。这种结构不仅美观，而且具有很强的抗震性。木塔主体建造没有使用一颗铁钉，全部通过榫卯结构完成，结构严谨，整个塔身巍峨粗壮，建筑宏伟，造型敦厚，艺术精湛，高峻而不失凝重。错落有致的斗拱结构，更是令人为之惊叹。

图2-20　应县木塔

（四）民居建筑欣赏

福建土楼（见图2-21），又称客家土楼，是一种供聚族而居且有防御功能的民居建筑，主要分布在福建省的漳州市、龙岩市和泉州市等地区。土楼建筑源于古代中原生土版筑建筑工艺技术，宋元时期已出现，明清时期趋于鼎盛，延续至今，是福建客家人创造的独特建筑形式。

福建土楼以土、木、石、竹为主要建筑材料，利用未经烧焙的土和一定比例的沙质黏土和黏质沙土拌合，采用夹墙板夯筑的方法，建造出两层以上的房屋。结构上以厚实的夯土墙承重，内部以木架构，设计科学，布局合理。外观上大多为圆土楼，具有规模宏大、保存完好的特点。福建土楼不仅是一种独特的建筑形式，更是福建客家人聚族而居、和睦相处的象征，被誉为中国古代建筑的瑰宝。如今，福建土楼已成为国内外游客的热门旅游胜地，展示了我国传统民居建筑的独特魅力。

图 2-21　福建土楼

思政之美

梁上君子，林下美人

梁思成和林徽因是享誉世界的中国古建筑专家，也是一对学者型伉俪，被称为"梁上君子，林下美人"。

他们一生致力于中国古建筑的保护和研究，用毕生的精力写下了《中国建筑史》《中国雕塑史》，创建了清华大学建筑系，是20世纪中国建筑界的杰出人物，对中国古建筑的研究和保护有着卓越的贡献。

梁思成作为一位杰出的建筑师和学者，对中国古建筑进行了深入研究。他重视对中国古建筑的历史、风格、结构和意义的系统性研究，致力于保护和传承中国古建筑的精华。20世纪，梁思成积极倡导并参与了中国现代建筑的发展。他强调传统与现代的结合，在设计和规划上试图找到中西方建筑的平衡点。他的思想和实践对中国当代建筑界产生了深远的影响。

林徽因是诗人、文学家和建筑评论家。除在文学和艺术方面的成就，她对中国现代建筑的发展也做出了积极的贡献。林徽因通过文学作品和建筑评论，强调传统文化对现代建筑的启发和引导，并以其独特的视角和艺术眼光，关注古建筑在文化和美学上的价值，积极倡导保护古建筑、传统园林和文化遗产。

几十年来，梁思成和林徽因相携相伴，致力于中国古建筑的保护、传承和发扬。他们对中国建筑文化的深刻理解、对建筑传统与创新的积极探索，为中国建筑界做出了重要贡献。

任务二　领略匠心之作——工艺美术之美

一、理解并掌握：工艺美术的基础知识

工艺美术，简称工艺，指在外部形式上经过艺术加工处理，呈现出具有欣赏价值和美学效果的日用品和装饰品。通常涉及雕刻、漆艺、陶瓷、织物、金属工艺、珠宝首饰等多个领域，主要目的是满足人们对于物质或者精神上的需要和追求。

中国工艺美术的发展有着悠久的历史，跨越千年。可以说，一部工艺美术史，就是一部精神文化和物质文化的发展史。

中国工艺美术的发展

（一）工艺美术的发展概况

1. 原始社会

旧石器时代，人们用粗糙的方式将石器打制成石刀、石斧、石铲等各种工具，在生活中使用。新石器时代已逐渐呈现出物品实用价值与美学价值相融合的趋势，出现了玉石、牙骨、织物、陶器等制品，其中以陶器最为突出，是新石器时代工艺制品的重要组成部分。新石器时代是陶器的发展期。这一时期，制陶技术进步，形态多样，有壶、盆、碗、罐等；种类繁多，以黑陶（见图2-22）、彩陶（见图2-23）为典型代表；装饰多彩，有人物纹饰、动物纹饰、植物纹饰等。

图2-22　黑陶罐①

图2-23　彩陶——马家窑舞蹈纹彩陶盆②

2. 夏商周时期

夏商周时期，中国工艺美术有划时代的进步。这一时期，工艺美术作品种类繁多，有青铜器、陶器、玉器、石刻等，其中青铜器的制造工艺最为精湛，铸器、刻字、雕花等技艺也达到较高水平。各式各样的工艺品呈现着不同的韵味，造型庄重，装饰华丽，纹饰精巧，展示了精湛绝伦的铸造技艺，是这个时代精神和文化的集中体现。

春秋战国早期，社会动荡，工艺美术的发展速度减缓。战国后期社会趋于稳定，工艺美术的发展再次活跃起来，出现了漆器、铁器等。这一时期盛行在器物上雕刻不同含义的精美图画，出现了诸多代表性作品，如河南新郑出土的春秋莲鹤方壶，造型宏伟气派，装饰典雅华美，构思新颖巧妙，工艺精湛超卓，清新活泼又不失凝重神秘。

3. 秦汉时期

秦汉时期是中国历史上第一个大一统时期，社会稳定，经济繁荣，推动了工艺美术的发展。秦汉时期的工艺美术品种丰富，门类齐全，呈现出璀璨夺目的景象，

①②现收藏于中国国家博物馆。

包括青铜器、铁器、陶器、玉器、漆器、丝织品等。其工艺水平之高超、图案纹样之精美、造型装饰之独特，都达到了当时的巅峰。

秦汉时期的青铜器向日用器具的方向发展，铜灯、铜镜、铜炉等生活日用品设计巧妙，制作精良，使用较为普遍。其中，汉代的铜镜、铜灯以优美形象的造型工艺和科学巧妙的结构设计成为古代灯具工艺的典范，以西汉长信宫灯最为典型。

4. 唐宋时期

中国工艺美术在唐朝时期全面发展。这一时期工艺美术呈现繁荣发达的景象，表现出舒展博大的造型气势、精巧圆润的装饰韵味和富丽丰满的形态特征。丝织、印染、漆器、金银器、多色瓷器等技艺水平和生产规模都远超前朝，其中在色彩上最丰富、最华丽的当属唐三彩（见图2-24）。在丝织方面，唐人既追求华丽繁复，也喜爱热烈明艳，唐诗中就有对唐锦"灿若朝霞之初起，烂若春花之竞发"的赞美。

图 2-24 唐三彩《釉陶载乐骆驼》①

宋代是中国手工艺品发展的重要阶段，制作工艺显著提高，一些新型材料和工具被广泛使用，涌现出许多独具特色的手工艺品。景德镇瓷器生产规模空前，工艺精进，成为中国工艺美术的璀璨明珠。宋朝崇文尚理的文化氛围极大影响了这一时期工艺美术作品的风格，形成了典雅沉静、平淡含蓄的美学范式，具有"清水出芙蓉，天然去雕饰"的美学意蕴。

5. 元明清时期

元代，工艺美术有一定的发展。染织工艺的织金锦、陶瓷工艺的青花和釉里红是这一时期工艺美术品的代表。受游牧文化的影响，元代工艺美术作品的风格趋于粗犷豪放。

明清时期，中国工艺美术具有"传承与创新"的特点。明代，资本主义的萌发、新兴文化的产生和科学技术的发展促使中国工艺美术跨入新的阶段，织锦、棉纺、陶瓷、漆器、家具和建筑装饰等门类向程式化和完善化发展，具有端庄简约、敦厚质朴的审美特点，以明代圈椅为典型代表。清代，中国工艺美术作品品种之繁多、技艺之精湛、手法之丰富都远超前朝，呈现出集各时期之大成的局面。除此之外，工艺美术的制作开始融入绘画元素，逐渐趋于矫饰雕琢、精致繁缛的艺术风格。

6. 现当代时期

当代，中国工艺美术在保留传统手工艺的基础上与现代社会需求相结合，通过数字技术、3D打印、新型材料等多种手段让工艺美术焕发出新的生命力，展现出

---

① 现收藏于中国国家博物馆。

当代工艺美术（见图2-25）的时代风貌。此外，与设计师、科学家、工程师等专业人士的合作也成为这一时期工艺美术创作的新趋势，催生出新形态艺术作品，拓宽了艺术创作空间，展现出作品风格的时代性和多样性。

图2-25 当代工艺美术作品

（二）工艺美术的分类

中国传统工艺种类众多，按材质可分为陶瓷工艺、金属工艺等，按技艺可分为雕刻工艺、漆器工艺等。

1. 按材质分类

（1）陶瓷工艺

陶瓷工艺是将陶土和其他天然原料经过加工、成型、烧制等步骤制成陶瓷制品的工艺。在中国，陶瓷工艺的发展历程可以追溯到新石器时代，经过数千年的演变，形成独特的陶瓷文化和技艺。陶瓷制品因坚硬、耐磨、耐腐蚀、实用、美观的优势，被广泛应用于生活、建筑、艺术装饰等多个领域。中国的陶瓷种类繁多，各有特色。青瓷釉色青翠、质地坚实，白瓷洁白如玉、温润细腻，彩瓷色彩艳丽、图案繁复，青花瓷（见图2-26）清素典雅、纹饰多样。陶瓷工艺不仅是物质文化遗产，也是重要的文化载体，反映了中华民族的文化追求。

	过程性指导
探究方法	1. 小组讨论：参与"我身边的工艺美术制品"主题讨论。 2. 合作探究：整理讨论结果，对工艺制品进行分类。 3. 多元评价：组间互评，教师点评。
注意事项	注意从材质、技艺等方面把握工艺美术制品的类别。

（2）金属工艺

金属工艺是指运用铸造、锻造、热处理、焊接、切削等技术创作出具有艺术价值的金属制品的工艺。不仅展示了金属材料的特性和加工工艺的技术美，还蕴含了设计师和工匠的智慧和创造力。金属工艺制品可以是日常生活中的实用物品，如餐具、器皿、家具配件等，也可以是纯粹的艺术品，如雕塑、装饰品（见图2-27）、装置艺术等。金银铜器等中国传统金属工艺制品承载着深厚的文化内涵和历史价值，反映了古代社会的审美观念和技术水平。

图 2-26　元青花瓷青花鬼谷子下山图罐　　　图 2-27　金属装饰品

2. 按技艺分类

（1）雕刻工艺

雕刻工艺是指运用各种雕刻技法在玉石、象牙、竹、木等不同材料上雕刻与塑造的工艺，一般包括玉雕、牙雕、木雕（见图 2-28）、竹雕、石雕、骨雕等，每一种雕刻工艺都有其独特的特点和技法。雕刻工艺不仅体现了雕刻师的技艺和创造力，也承载了丰富的文化内涵和时代特色。每一件作品都是材料特性、雕刻技法和审美观念的综合体现，是中华优秀传统文化的宝贵遗产。

（2）漆器工艺

漆器工艺（见图 2-29）是指以漆为材料在日常器具、工艺品、美术品等表面进行装饰和保护的传统手工工艺，包括雕漆、堆漆、剔犀、镶嵌、描金等多种技法。这些技法使得漆器富贵华美，流光溢彩。传统漆器不仅是一种实用的生活用品，更是一种富有历史底蕴和民族特色的艺术品。其独特的艺术魅力和丰富的文化内涵是中华优秀传统文化的重要组成部分。

图 2-28　木雕　　　图 2-29　漆器工艺

"漆"彩斑斓凝匠心

平遥推光漆器（见图2-30）是国家级非物质文化遗产，是一种具有悠久历史和独特技艺的漆器工艺，起源于唐朝，距今已有千年的历史。这种漆器工艺主要集中在中国的平遥县，因此得名"平遥推光漆"。平遥推光漆器外观古朴雅致、闪光发亮，绘饰金碧辉煌、流光溢彩，手感细腻滑润，经久耐用，堪称漆器之精品。

漆艺作品绚丽多彩，千姿百态，而其创作过程极为繁复，需要匠师们具有极高的耐心和精细的操作技巧。每一件异彩纷呈的漆器背后都体现了匠师们精益求精的工匠精神。每一道工序都需要经过精细的操作和严格的质量控制，才能制作出高质量的漆器产品。小到茶碗的摆件，大到五六米长的座屏，通常要耗时数月甚至数年。

初心不改，艺无止境，正是一代代能工巧匠的一以贯之、精益求精、不断创新，平遥漆器技艺才得以继承和发展。"内容可变，画风可变，唯匠心不可变""择一事，守一生"是每一位匠师情怀与匠心的完美写照。

图 2-30 平遥推光漆器

二、总结与归纳：工艺美术的审美特征

工艺美术的审美特征表现在实用性、造型性、文化性、时代性等方面，这些特征使得工艺美术成为一种独特的艺术形式，与人们的日常生活和文化传统紧密相连。

工艺美术之美

（一）实用性

实用性是工艺美术最基本的审美特征。工艺美术品在满足审美需求的同时兼具实用功能。工艺与日常生活是紧密联系的，传统生活中的厅堂、书房、居室、庭院、城市空间以及环境艺术等方面都需要工艺美术的参与。随着科技的进步和人们生活水平的提高，工艺美术品也在探索与当代生活方式的融合，如将传统元素与现代设计相结合，开发出符合现代审美的工艺美术作品。通过这样的方式，工艺美术

不断融入日常生活，成为提升生活质量的重要方面。

（二）造型性

工艺美术十分注重造型设计，造型性是其主要的审美特征。作品充分发掘材料潜力，运用色彩、线条、形状等元素对物品的形态、结构、比例等进行精心设计，巧妙塑造，以夸张、变形、均衡的艺术手法创造工艺美术的造型美（见图2-31）。传统工艺美术作品采用手工制作，工匠们凭借精湛的技艺，对作品进行细腻的打磨、雕刻、绘画等处理，使作品具有高度的欣赏价值。现代工艺美术不再局限于传统的造型设计，重视造型的创新与表现，使作品呈现出开放多元的艺术风格。

	过程性指导
探究方法	1. 图片鉴赏：赏析不同时期的工艺美术作品的图片。 2. 头脑风暴：小组合作，从功能、造型、色泽等方面分析作品的审美特征。 3. 上台展示：小组代表上台展示，争做"最强推介官"。
注意事项	赏析、推介时精准把握作品的审美特征。

（三）文化性

工艺美术作为我国非物质文化遗产的重要组成部分，承载着丰富的传统文化和古老技艺。每一件艺术品都蕴含着一定的历史、地理和民俗文化，反映了当时社会的价值追求和审美趣味，如常用于建筑和装饰的传统木雕，直接反映了古代人民的生活习俗和审美观念。工艺美术的文化性还体现在能通过特定的造型、图案，传达特定的寓意、内涵，使作品具有一定的象征意义，如中国传统工艺中的龙凤花鸟往往被看作吉祥和富贵的象征。

图 2-31　工艺美术造型美

（四）时代性

工艺美术品是中华民族灿烂文化宝库中的重要组成部分，具有鲜明的民族风格和时代特色。从仰韶文化的彩陶到奴隶制社会的青铜器，从战国、秦、汉的漆器到唐代的丝绸制品、"唐三彩"，从宋代精美的陶瓷工艺品、明代简洁古朴的木器到清代富丽华贵的景泰蓝，工艺美术品犹如一部生动的百科全书，形象展现了中华五千年悠久灿烂的历史文化。每个时代的工艺美术作品都是当时历史背景的缩影，反映了那个时代的社会结构、文化思想和技术水平，呈现出鲜明的时代性。

> ### 思政之美
>
> ### 让工艺美术回归生活
>
> 习近平总书记强调"人民对美好生活的向往,就是我们的奋斗目标"。工艺美术要回归现实,回归生活,真正服务于人民群众,这是时代赋予传统手工艺的神圣职责和历史使命。
>
> 在社会主义核心价值观的引领下,我们要以人民为中心,把关注点放在当代人的审美需求上,丰富工艺美术的时代价值,满足人民日益增长的美好生活需要,充分发挥其社会服务功能。

三、探究与表达：工艺美术作品欣赏

（一）金属工艺美术作品欣赏

后母戊鼎（见图2-32）是商代后期铸品,于1939年出土于河南省安阳市武官村,现藏于中国国家博物馆。此鼎是已发现的中国古代最重的单体青铜礼器,因鼎腹内壁上铸有"后母戊"三个字而得名。后母戊鼎造型成熟稳定,口沿宽厚,腹地方正,驻足和鼎耳粗壮有力,整个器物极具体量感和雄浑之气势。顶部四面中心均为光洁的素面,四周有蟠龙纹组成的饕餮图案,装饰效果强烈,显示出商代青铜铸造业庞大的生产规模与杰出的技术成就,足以代表高度发达的商代青铜文化。全器厚重规整,气象森严,是统治者权力和威严的象征。

图2-32 （商）后母戊鼎

（二）陶瓷工艺美术作品欣赏

五彩鱼藻纹盖罐（见图2-33）是明嘉靖御窑青花五彩瓷器中的名品,形体硕大规整,胎体厚重,色彩艳丽,构图疏密有致。所有鲤鱼鳞鳍清晰,与周围的莲花、浮萍、水草融合在一起,显得生动逼真。罐直口、短颈、丰肩、硕腹、圈足,通体以红、黄、绿及青花装饰。肩部绘变形莲瓣

图2-33 （明）五彩鱼藻纹盖罐[①]

---

① 现收藏于中国国家博物馆。

纹；腹部绘莲池鱼藻纹；近底绘蕉叶纹；盖面绘璎珞纹，盖中心圆珠纽绘火焰纹，盖沿饰鱼藻纹；圈足内施白釉；外底部署青花楷体"大明嘉靖年制"六字双行款。

（三）漆器工艺美术作品欣赏

司马金龙墓漆画屏风（见图2-34）是北魏司马金龙夫妇合葬墓墓室屏风的一部分，1965年出土于山西省大同市石家寨。现残存较完整的屏板有5块，板面以朱漆为底，描绘帝王、忠臣、孝子、烈女等北魏时期的社会生活，所绘人物形象生动逼真，色彩浓艳，还有大片题刻题榜文字，为不可多得的北魏书法真迹。在漆工艺方面，屏风采用渲染和铁线勾描的手法，用黑漆勾线条，脸、手涂铅白，服饰器具用黄白、青绿、橙红、灰蓝等覆盖力强的色彩来涂染，整块屏风富丽精致，是现存北魏文物中难得的珍世之宝。

图2-34 （北魏）司马金龙墓漆画屏风[①]

这件漆画屏风不仅是一件工艺精湛的艺术品，更是一段历史和文化传承的见证。它体现了北魏时期的社会文化和艺术风格，也反映了当时贵族家庭的生活状态和价值观念，同时也让我们可以直观感受到千年前大漆在造型与工艺、纹饰与趣味中所表现出的华丽含蓄之美。

---

① 现收藏于山西博物院。

课后创造升华 ——悟美之道

项目实践活动

🍂 **活动描述**

以"家乡的最美建筑"为主题拍摄制作一个3分钟内的文旅推介视频,并以导游视角配以文字讲解推介家乡,感受"家乡美"。要求画质清晰流畅,内容积极向上。

🍂 **任务实施**

1. 学生自由分组,5~8人为一组,并填写实践活动记录表(见表2-2)。
2. 各小组在课堂演示,指导教师对演示情况进行评分。

表2-2 实践活动记录表

专业:_____ 班级:_____ 小组:_____ 指导教师:_____

活动安排情况		活动完成情况		活动评价情况			
小组成员	活动分工	活动项目	活动内容	评价项目	评价内容	分值	得分
		微视频名称		知识、技能评价(70%)	紧扣主题,立意鲜明,积极健康	15	
		创意来源			内容丰富,富有创意,触动人心	15	
					画面清晰流畅,构图美观,镜头稳定	20	
		内容概况			导游词丰富准确,讲解生动有条理	20	
		导游词		素养评价(30%)	弘扬社会主义核心价值观,具有正确的审美观和健康的审美情趣	15	
		配乐			具有良好的创新精神和团队协作能力	15	
		拍摄情况		评价和建议		活动总分	

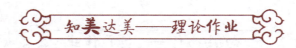

项目学习效果检测

基础型练习

一、填空题

1. 我国现存最大、最完整的宫殿建筑群是（　　　）。
2. 后母戊鼎是我国（　　　）时期的青铜器。

二、选择题

1. "灿若朝霞之初起，烂若春花之竞发"是对（　　　）的美赞。
   A. 丝绸　　　　B. 刺绣　　　　C. 漆器　　　　D. 唐锦

2. 在建筑的设计上，（　　　）注重实用性，以满足居民的基本生活需求。
   A. 宫廷建筑
   B. 园林建筑
   C. 民居建筑
   D. 庙宇建筑

三、简答题

1. 请分析建筑审美特征中的造型性。
2. 请分析唐代和宋代工艺美术的风格特点。

拓展型练习

一、填空题

1. （　　　）工艺是指以漆为材料在日常器具、工艺品、美术品等表面进行装饰和保护的传统手工工艺。
2. 我国古代建筑屋顶样式众多，主要分为（　　　）、歇山顶、硬山顶、攒尖顶、悬山顶五种。

二、选择题

1. 下列哪类建筑不属于园林建筑？（　　）
A. 拙政园　　　B. 颐和园　　　C. 狮子林　　　D. 乔家大院
2. 长信宫灯是哪个朝代工艺美术制品的典型代表？（　　）
A. 西汉　　　　B. 东汉　　　　C. 商　　　　　D. 周

三、判断题

1. 斗拱结构可以为建筑提供有效的结构支撑，能有效分担重力，增强建筑的稳固性。（　　）
2. 以黄土层为墙壁，以木构架搭建住所结构，以草泥建造住所实体的木骨泥墙式房屋主要出现在长江流域。（　　）

四、简答题

1. 简述工艺美术的审美特征。
2. 简述建筑的分类。

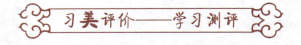

项目学习评价标准

请根据项目学习评价标准表（见表2-3）完成多元化评价。

表2-3　项目学习评价标准表

学习目标	项目子任务	考核内容	评价等级 A	评价等级 B	评价等级 C	得分
知识目标和能力目标达成度	了解实用艺术的基础知识	能够阐述实用艺术的发展概况	5	4	3	
		能够举例说明实用艺术的分类	5	4	3	
		能够阐述实用艺术的表现手段	15	12	9	
	掌握实用艺术的审美特征	能够运用所学知识发掘建筑及工艺美术作品之美	15	12	9	
		能够通过分析建筑和工艺美术的特点归纳作品的审美特征	10	8	6	
		能够紧扣实用艺术的审美特征，赏析建筑及工艺美术作品，探究蕴含的历史文化意义和思想内涵	10	8	6	

续表

学习目标	项目子任务	考核内容	评价等级 A	评价等级 B	评价等级 C	得分
素养目标达成度	增强文化认同,尊重文化的多样性,树立爱家爱国的意识,传承中华优秀传统文化	感悟建筑及工艺美术作品背后的文化底蕴,增强文化认同,尊重文化的多样性	20	16	12	
		体悟中国古代建筑"中正平和""天人合一"的理念,树立爱家爱国的意识	20	16	12	
教师评语		总分 (定量评价)				
专家点评		评定结果 (定性评价)	□优秀　□良好 □合格　□不合格			

备注:

1. 本项目学习内容可结合学习目标,采用教师评价、学生自评、学生互评、专家点评等方式进行多元化评价。

2. 90~100分为优秀;70~89分为良好;60~69分为合格;60分以下为不合格。

项目三
瞬间与永固的经典呈现
——造型艺术

项目引言

在造型艺术中，绘画通过形状、色彩、空间、构图等元素传达创作者的想法、情感和观点；书法通过笔墨的运用展现独特的美感和韵律。它们不仅在视觉上给人以愉悦和震撼，唤起人们对传统文化和美学价值的思考，还为人们提供情感交流的途径，带来独特的美学享受。

【学习目标】

🔸 知识目标

1. 了解绘画艺术、书法艺术的发展概况、分类及表现手段。
2. 掌握绘画艺术、书法艺术的审美特征。

🔸 能力目标

1. 能够通过赏析绘画和书法作品，探究作品的思想内涵。
2. 能够运用绘画艺术、书法艺术的表现手段进行个性化创作。
3. 能够把握绘画艺术、书法艺术的审美特征，体悟作品蕴含的美感。

🔸 素养目标

1. 丰富审美情感，提升观察力、专注力、想象力和创造力。
2. 陶冶高尚情操，塑造美好心灵，弘扬美育精神。
3. 提升审美判断力，增强文化自信和民族自信，传承中华优秀传统文化。

【思维导图】

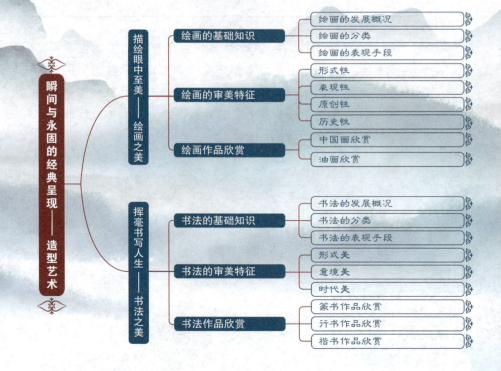

【任务清单】

完成一项学习任务后，请在表 3-1 对应处打钩。

表 3-1　任务完成情况记录表

任务阶段	任务名称	任务分解	完成情况	心得记录
课前准备	寻美之迹	准备学习用品，搜集绘画艺术、书法艺术的资料		
		预习课本知识，形成对绘画艺术、书法艺术的初步印象		
课中探究	品美之韵	了解绘画艺术、书法艺术的发展概况及分类		
		了解作品的创作背景和历史意义，体会作品的社会文化与思想内涵		
		掌握绘画艺术、书法艺术的表现手段和审美特征		
		通过赏析《千里江山图》《竹石图》等绘画作品，体悟中华儿女远大的理想和高洁的品质；通过赏析《兰亭序》《多宝塔碑》等书法作品，了解作品的历史意义，丰富传统文化知识，树立文化自信，体会艺术家勇于创新、敢于担当、永无止境的艺术追求		
课后实践	悟美之道	与同学积极配合，参与课后"'艺'心向党"实践活动，为参加校园艺术节和大学生艺术展演活动打好基础，提高审美判断力、艺术表现力和团队协作能力		
		运用所学知识赏析绘画之美、书法之美，以审美的眼光发现不同绘画作品带来的形式美、表现美、历史美，以及不同书法作品带来的形式美、意境美、时代美		

课前自主探究——寻美之迹

山西省芮城县的永乐宫壁画（见图 3-1）是我国仅存的元代大规模壁画群，它不仅是中国绘画史上的巨幅壁画，也是世界绘画史上的罕见巨制，被称为绘画史上的旷世之作。

图 3-1 （元）永乐宫壁画（局部）

壁画中人物神态各有不同，服饰丰富多彩、精美绝伦。大量使用的白描勾线手法将人物的表情、性格、特征描绘得栩栩如生；独特的色彩构图和艺术技巧让画面展示出恢宏磅礴的气势。

当置身永乐宫中，"唐宋遗风"迎面而来，我们仿佛看到历代工匠倚壁而作、粉绘描摹，彩壁之上，满壁风动……让我们透过"永乐"这一扇窗，穿凿时空，走进绘画的世界，感受灿烂的东方绘画之美。

课中任务合作——品美之韵

任务一 描绘眼中至美——绘画之美

一、理解并掌握：绘画的基础知识

绘画是一种运用画笔、颜料、画布等工具，凭借色彩的搭配、线条的勾勒、构图的设计对画面进行艺术性表现，将创作者内心的情感、想象和对世界的认知以视觉形式呈现出来的一种艺术。绘画的发展历程犹如一部波澜壮阔的史诗，见证了人类的智慧、情感与创造力的不断演进。

扫一扫

走进中国绘画

（一）绘画的发展概况

1. 中国绘画的发展概况

中国绘画历史悠久，早在新石器时代，人们就已开始运用符号、图形在岩壁和陶器上记录生活，寄托希望。其中最著名的当属新石器时代人面鱼纹彩陶盆上的图案（见图 3-2）。

图 3-2 人面鱼纹彩陶盆图案

美之漫谈

人面鱼纹彩陶盆

人面鱼纹彩陶盆内壁以盆底中心为对称点，绘制有人面鱼纹的图案，人面嘴巴左右两侧分置一条变形鱼纹，鱼头与人嘴外廓重合，似乎是口内同时衔着两条大鱼。整幅彩绘呈循环状，每种图案两两交替出现，生动活泼，富有韵律，传达出半坡先民渴望像鱼一样子嗣繁茂的美好愿望。

（1）先秦时期

先秦时期，山水画、人物画初见雏形。从青铜玉器的装饰纹样、漆器彩画、帛画图案中不难看出，当时绘画水平较高，为后期绘画艺术的发展奠定了基础。如湖南长沙战国楚墓中出土的《人物龙凤帛画》（见图3-3）和《人物御龙帛画》（见图3-4）等。

图3-3 （战国）《人物龙凤帛画》　　图3-4 （战国）《人物御龙帛画》

（2）秦汉时期

秦汉时期，国势强盛，疆域广阔，丝绸之路的开辟促进了中外艺术的交流，绘画艺术得以繁荣发展，是中国绘画蓬勃发展的第一个重要时期。绘画门类丰富，有墓室壁画、帛画、画像石、画像砖等。如：内蒙古和林格尔东汉墓出土的《宁城幕府图》墓室壁画，内容丰富，色彩鲜艳，构图自然，人物活灵活现，具有现实主义意义；长沙马王堆1号汉墓出土的"T"形帛画（见图3-5），兼具装饰性与写实性，是我国古代绘画史上罕见的杰作；山东武梁祠堂的画像石《荆轲刺秦王》以刀代笔，将历史事件高度概括，是凝聚在石头上的汉代辉煌。

图3-5 （西汉）"T"形帛画

项目三　瞬间与永固的经典呈现——造型艺术

美之漫谈

"T"形帛画

帛画是一种画在白色丝织品上的中国古代画种,用笔墨和矿物颜料描绘人物、走兽、飞鸟及神灵、异兽等形象。

"T"形帛画的内容极为丰富复杂,表现手法多样而协调。画面从上至下由天界、人间、地下三部分组成,描绘了红日、新月、金乌、扶桑树、鸟兽、仙人、墓主人、侍从、地神、灵蛇等形象,虽内容繁杂,却分布合理,错落有致,互有联系。画面将祭祀、升天等场景展现得宏大壮观,表现了古人对天国的想象和永生的追求,为研究战国文化提供了珍贵的参考价值。

（3）魏晋南北朝时期

魏晋南北朝时期,绘画艺术在乱世之中多元化发展。气质表现与形象处理并重的人物画成为主要画科,如顾恺之的《洛神赋图》等；以佛教文化为题材的石窟壁画大量涌现,如大同云冈石窟壁画；花鸟画开始兴起,山水画也逐渐发展。同时,出现了我国第一部较为系统完整的绘画品评专著《画品》,书中所提出的"六法论"作为品评绘画的标准对后世产生了深远的影响。

（4）隋唐五代时期

隋朝,山水画从只作为人物画的衬景转变成为一个独立的画科。展子虔的《游春图》（见图3-6）作为这一时期的代表作,是现存最古老的卷轴山水画,标志着山水画的发展进入青绿重彩、工整精致、咫尺千里的崭新阶段。

图3-6 （隋）展子虔《游春图》

唐代,绘画风格逐渐成熟,是中国绘画的鼎盛时期,山水画、人物画和花鸟画等均取得重要成就。山水画开始以水墨山水技法作画,代表作有王维的《雪溪图》

等；花鸟画在这一时期独立成科，代表作有韩滉的《五牛图》等；人物画在表现技法和题材内容上都有较大的进步，多描绘仕女的现实生活场景，代表作有张萱的《虢国夫人游春图》等。

五代，因地域文化不同，北方山水画风格气势磅礴、伟岸坚挺，代表作有荆浩的《匡庐图》等；南方山水画风格烟雾朦胧、连绵起伏，代表作有董源的《潇湘图》等。花鸟画成绩斐然，在宫廷和民间形成了"黄家富贵""徐熙野逸"两种迥然有别的风格。宫廷画派描绘细致入微、色彩浓郁富丽，代表作有黄荃的《写生珍禽图》等；民间野逸画派描绘简洁生动、色彩清淡自由，代表作有徐熙的《桃花黄鹂图》等。

（5）宋代

北宋时期，宫廷设立了"翰林图画院"，对绘画发展起到了推动作用，培养了一大批绘画人才，其中，王希孟的《千里江山图》将青绿山水画推向了历史最高峰。南宗画派和北宗画派的形成对后来的山水画产生了深远影响，代表作有范宽的《溪山行旅图》等；这一时期的人物画融入平民故事、历史故事、生活风俗等内容，形式上摆脱甜腻、奢华等世俗习气，追求明洁轻快、朴实精美的格调，形成与唐代人物画并驾齐驱的新的发展高峰，为中国古代绘画史书写了极其辉煌的一笔，代表作有梁楷的《泼墨仙人图》（见图3-7）等；花鸟画依然沿袭五代"黄家富贵""徐熙野逸"的风格，代表作有崔白的《双喜图》等；出现了记录市井街貌、自然风光、人文生活的叙事性画作，极具历史研究价值，代表作有张择端的《清明上河图》等。

图3-7 （南宋）梁楷《泼墨仙人图》

南宗画派和北宗画派

宋代山水画南方画风圆柔疏散，北方画风方刚严谨，后世称其为南宗画派和北宗画派。南宗画派强调写意技法，以简练的笔墨勾勒出自然景物的神韵，追求雅致、淡泊的艺术风格，重视意境的抒发，代表画家有周文矩、赵伯驹、马远等；北宗画派强调工笔技法，注重绘画中的细节和纹理，追求精确、细腻的表现方式，具有精致入微的工艺感，代表画家有荆浩、李唐等。

（6）元代

元代，画院制度取消，山水画愈发兴盛，融合南北宗画派风格，变革表现形式和绘画材料，提出"书画同源"主张，代表作有黄公望的《富春山居图》（见图3-8）等；花鸟画以梅、兰、竹、菊为主要题材，画家缘物寄情，凸显自身孤傲自处、高逸清淡的品质，代表作有王冕的《墨梅图》等；人物画相对减少，多工细精致，代表作有钱选的《杨贵妃上马图》等。

图3-8 （元）黄公望《富春山居图》（局部）

"山水合璧"盼团圆

《富春山居图》是元代画家黄公望的作品，被称为"中国十大传世名画"之一。明朝末年被火烧成一大一小两段，前段《剩山图》现藏于浙江省博物馆，后段《无用师卷》现藏于台北故宫博物院。2011年曾在台北实现了"山水合璧"，成为中国艺术史上的一段佳话。"盛时两岸趋同日，完璧同光大智恢"，这一盛举展现了两岸文化的同根同源、博大精深，传递着海峡两岸期盼团圆的美好愿望。

（7）明代

明代注重对绘画传统的继承和创新，是中国书画史上的一个重要阶段。山水画绘画技法不断更新，出现了多个以地区为中心的名家和流派，画家更注重表达个性和意境，代表作有吴门画派沈周的《庐山高图》等；花鸟画开辟了水墨写意画法，代表作有徐渭的《墨葡萄图》等；人物画以描绘世家的肖像和行乐生活为主，代表作有仇英的《汉宫春晓图》等；怪诞变形的人物画法在这一时期出现，代表作有陈洪绶的《晞发图》等。

（8）清代

清代更加强调传统笔墨的技法和表现。早期受前朝山水画的影响，规范了中国传统山水画的技法和程式；康熙至乾隆时期逐渐形成了以工笔画为主的宫廷绘画风格，绘画迎来了繁荣期，开创了中西合璧的新画风，代表作有王时敏的《云峰树色图》等。在经济发达的扬州地区，一批善用水墨写意、注重个性发挥、提倡诗书结合、力求技法创新的画家被称为"扬州八怪"，积极推进了绘画艺术的发展。

（9）近现代

近代，资产阶级民主革命使绘画由为统治阶级服务转向为人民大众服务，从西方借鉴的素描、色彩、透视等绘画技法促使新的绘画市场形成。画家组织画会、创办刊物、举办展览，涌现出一大批抨击旧观念的画家，将关心国家民族命运摆在艺术活动的首位，代表画家及作品有徐悲鸿的《愚公移山图》、石鲁的《转战陕北》等。

中华人民共和国成立后，许多画家以绘画投入革命斗争，引导艺术思潮的发展。1976年后，传统绘画的复兴、西方现代艺术的引入和当代艺术的多元化发展，使绘画突破了思想的禁锢，在传承中不断创新发展。

2. 西方绘画的发展概况

最早的绘画可以追溯到早期的洞穴壁画。这些壁画发现于世界各地的岩洞和溶洞中，是古代人类用颜料在岩壁上绘制的图画。如法国的拉斯科洞穴壁画（见图3-9）描绘了丰富的动物场景，展示了生动的狩猎活动；西班牙的阿尔塔米拉洞穴壁画（见图3-10）以红色、黑色和褐色为主，将动物受伤时的脆弱与防御的野性描绘得淋漓尽致。古埃及时期主要以壁画（见图3-11）形式为主，具有程式化的特点，画面饱满，疏密均匀，空白处配以象形文字，具有强烈的装饰艺术效果和鲜明的民族特色，展现了古埃及人对于秩序和平衡极致追求的独特艺术视角。

图3-9 （法国）拉斯科洞穴壁画　　图3-10 （西班牙）阿尔塔米拉洞穴壁画　　图3-11　古埃及壁画

程式化

程式化是古埃及绘画显著的特点之一。绘画遵循固定的规则，通过程式化的表现方式表达主题和意义。例如，人物绘画遵循"正面律"；画面构图采用横带状排列结构，人物和景物以水平线来划分，使得画面更加和谐统一；以身份地位高低确定人物大小比例；画男人和画女人的颜色需遵循特定规律。

正面律

正面律是古埃及绘画中极为典型的造型方式。造型遵循人物头部为正侧面，眼、肩为正面，腰部以下为正侧面的原则。这种造型方式体现了古埃及绘画艺术对形式美的追求和对人物精神面貌的抽象表达。

项目三　瞬间与永固的经典呈现——造型艺术

（1）古希腊、古罗马时期

古希腊时期，艺术作品主要运用红、黑矿物质颜料，将象征化、几何化的人物和动物绘制在赭色陶瓶上。图案采用细腻的手法描绘理想化的神话人物形象，使画面充满了生命力和感染力，体现了古希腊追求自由、乐观优雅的特质。

古罗马时期，艺术作品以壁画和镶嵌画的形式描绘宏伟壮丽的宗教、神话、历史、生活等。壁画以18世纪发掘出的庞贝壁画为代表，题材包括人物、花木和风景等，风格多样，色彩华丽，富有空间感和运动感。镶嵌画将切割成正方形的白色和彩色大理石片巧妙地镶嵌在水泥基底上，形成精美的线条和层次不同的色彩，表现竞技、狩猎、农耕、宴乐等题材，多用于居宅、宫殿的装饰，代表作品有《伊苏之战》等。

（2）中世纪

中世纪时期，受基督教制约，绘画远离生活，不强调对客观世界的真实描写，注重所谓精神世界的宗教主题和教义的表现，影响延续至后来的各个历史时期。基督教题材的壁画、彩色玻璃镶嵌画、手抄本插画在欧洲占主导地位，作品多取材于《圣经》，代表作有意大利拉文纳的圣维他尔教堂镶嵌画《查士丁尼皇帝和廷臣》等。

手抄本插画

在印刷术发明之前，精巧、易携带的手抄本书籍是文明传递的主要方式，手抄本插画应运而生。手抄本插画是用于书籍封面、插图和扉页上的小型绘画，主要用于图解经文和装饰书籍。作为中世纪重要的艺术形式之一，手抄本插画在创造性和艺术性方面取得了很大成就。

（3）文艺复兴时期

文艺复兴时期，文艺复兴运动对世界产生了重大影响，在一定程度上解放了人们的思想。在这一背景下，艺术家们逐步摆脱中世纪的禁锢，通过对古典艺术的研究、对自然的观察、对现实生活的关注，开始着重探究人体结构、透视技巧、光影质感等，确立了科学的绘画技法和规范的绘画体系。文艺复兴时期出现了众多才华横溢、富有探索精神的艺术家，如"文艺复兴三杰"达·芬奇、米开朗琪罗、拉斐尔。不同风格、种类的优秀绘画作品不计其数，如达·芬奇的壁画《最后的晚餐》、祭坛画《岩间圣母》和肖像画《蒙娜丽莎》等。

（4）巴洛克时期

巴洛克时期，人们逐步淡化了自身的精神价值，转而关注四季更迭、昼夜交替等物质世界的运动规律，倾向于通过对美好事物的享受来获得各种愉悦，奢靡华丽的巴洛克风格应运而生。巴洛克风格起源于意大利，后席卷全欧。绘画创作以戏剧的构图、明艳的光影体现无限的空间，加以理想光的对比，使画面产生如舞台布景般统一协调的效果。绘画具有起伏波动的运动感、宏伟奔放的刺激感、华丽绚烂的装饰感和精湛准确的透视感。代表作有鲁本斯的《抢劫留西帕斯的女儿》、伦勃朗的《夜巡》（见图3-12）等。

图3-12 （荷兰）伦勃朗·哈尔曼松·凡·莱因《夜巡》

（5）古典主义时期

古典主义时期，绘画擅长借古喻今，以典型的古希腊和古罗马神话、历史事件和圣经题材表现某种哲理观念和社会问题，宣扬一种理想化的崇高境界。强调精准凝练的素描技法、柔和微妙的明暗色调，注重简练概括的造型，追求均衡完整的构图，从而展示出宏大庄重的风格气质。代表作有普桑的《阿卡迪亚的牧人》、达维特的《荷拉斯兄弟的宣誓》等。

（6）浪漫主义时期

浪漫主义时期，绘画在整个西方艺术史中占有举足轻重的地位，艺术家们摆脱古典主义的羁绊，用大胆的、戏剧化的方式，无拘无束地抒发自己的个性和真实情感。画作色彩热烈，笔触奔放，富有运动感，反理性的、恐惧的视觉效果反映了社会动荡给人们带来的心理上的躁动不安，体现了人们向往自由和平的美好愿景，突出了人在历史前进道路上的重要作用。代表作有籍里柯的《梅杜萨之筏》、德拉克罗瓦的《自由领导人民》等。

（7）20世纪

20世纪，艺术家们开始尝试各种新的风格和技法，强调个性化和实验性，艺术形式也更加多样和开放，后印象主义、表现主义、抽象主义、现代主义等流派层出不穷。如后印象主义代表作梵高的《向日葵》、表现主义代表作蒙克的《呐喊》、抽象主义代表作蒙德里安的《黄与蓝的构成》、现代主义代表作毕加索的《格尔尼卡》等。

总之，受历史、文化、社会等因素的影响，绘画在不同时期、不同地区均呈现多样化的发展趋势。从最早的图形、符号等单一表现风格到现代的多元表现风格，绘画一直是表达和传承人类文化的重要形式。虽然中西方绘画有着不同的发展历程和特点，但它们都在各自的文化历史背景下逐步演变，吸收不同的艺术思潮和技法，塑造了丰富多样的艺术风貌。

（二）绘画的分类

绘画作为一种视觉艺术，是直观记录和反映社会现实的艺术形式，是创作者形象思维和情感思绪的综合表达。这种表达方式和手段需要借助绘画的材质来表述，根据材料、工具可以将绘画分成不同的种类。

1. 纸上乾坤绘万物

一张纸可以描绘乾坤万物，纸为绘画提供了极大的创作空间，创作者可以根据个人的喜好和创意选择使用单色或彩色来表达自己的艺术想法。或用铅笔、炭笔等工具表现图像的轮廓、形态、明暗、质感等单色画面效果，如素描画（见图3-13）、线描画、速写画等；或用各类颜料融合多种技法抒发图像的色彩意象，如水粉画、水彩画、中国画等。

图3-13 （意大利）米开朗琪罗《素描手稿》

释疑解惑

水粉画、水彩画、中国画的区别

水粉画是用水调和粉质颜料在水粉纸上绘制画面的一种绘画种类，由于材料价格实惠、色彩鲜艳、覆盖力强，是初学者学习色彩画的入门画种。

水彩画是用水调和透明颜料，在水彩纸上利用颜料透明度融合混色技巧进行创作的绘画种类，具有清逸、明快、简洁等特点，因其覆盖能力弱、不宜修改，对创作者的绘画功底要求较高。

中国画是用毛笔蘸水、墨、彩在宣纸或绢布上进行创作的绘画种类，是一种蕴含深厚文化内涵、极具中国特色的表现形式，讲究线条、水墨的运用技法，最大的特点是注重人的情感与精神的表现，画风清新，意境高远。

2. 布上油彩载文明

油画（见图3-14）指运用油性材料与技法在画布（亚麻布）、纸板或木板上进行绘画的艺术形式。作为西方绘画发展最为重要的表现形式，具有极强的表现力和艺术效果，能充分发挥线条、形体、色彩、明暗调子以及质感、量感和空间感等因素的综合表现力，准确、真实地表现特定时空环境中的事物，创造感人的视觉艺术形象。油画技巧多样，有厚涂法、薄贴法、点彩法、渲染法等，有的画法细腻不见笔触，有的画法粗犷色彩斑驳。

图 3-14 （意大利）达·芬奇《蒙娜丽莎》

3. 物上炫彩美视野

日常生活中，服装、墙壁、日用百货的表面经常会出现一些涂鸦形式的绘画，最常使用的颜料是丙烯。丙烯颜料干燥迅速、坚固耐磨、耐水、抗腐蚀、无异味，适用于墙画工艺、装饰品涂鸦等。而用丙烯颜料作的画，常被叫作丙烯画（见图 3-15）。

4. 数字科技绘新篇

当今社会，随着科学技术的发展，数字技术开始运用于绘画领域，推动了绘本插画、影视动画、游戏开发、虚拟交互等数字设计艺术的创新，如 CG 绘画（即计算机图形绘画，见图 3-16）、AI 生图等。

图 3-15 丙烯井盖涂鸦《尧》

图 3-16 CG 绘画

美之漫谈

AI 生图

AI（Artificial Intelligence）生图是使用人工智能技术按照输入的"指令"，通过对数以万计的图像、绘画作品进行学习、分析、判断、处理，快速生成画面的一种创作形式，其特点是对创作者没有绘画功底的限制。它虽然提高了创作者的效率和速度、突破了创作者思维的限制，但仍然无法替代人类的创造力和审美力。因此，我们在使用它时，应以人类的创意和判断力为主，辅以 AI 生图技术，共同创造出更加出色的作品。

（三）绘画的表现手段

绘画是一种艺术实践活动，运用点、线、面、色彩、肌理、空间、构图等要素，依据一定的形式法则搭配组合，传达创作者的想法、情感和观点。

创造绘画美

1. 点、线、面

点是绘画最基本的元素，是空间中不具备长度、宽度或深度的位置标记。点可以是构成线条、形状和图案的起点或交汇点，也可以是艺术作品的视觉中心点。

线是由一系列连接在一起的点构成的路径。在绘画和设计中，线条（见图3-17）可以用来勾勒形状、轮廓或者传达运动的方向。线条可以是直的、弯曲的、粗细不一的，对于创造视觉组织和结构非常重要。

面是用线条围成的区域或二维形状，可以是圆形、方形、三角形等几何形状，也可以是自然物体的外形。在绘画中，面用于创造物体、人物、背景，是构图和空间安排的重要组成部分。

图3-17 （唐）吴道子《天王送子图》（局部）

2. 色彩

色彩（见图3-18）是绘画中的重要元素，能够赋予作品情感和氛围，增加视觉吸引力。创作者巧妙运用不同色彩引起欣赏者不同的情感反应；通过色彩的冷暖搭配，营造不同的情感氛围；利用色相、明度、纯度、面积等对比关系的调整，突出作品的特定元素和细节，引导欣赏者的视觉走向。在创作过程中，使用油画、水彩、粉笔等传统绘画媒介或Photoshop、SAI等数字绘画工具着色，可以创造出色彩斑斓的艺术作品。

图3-18 色相环

3. 肌理

肌理（见图3-19）指物体表面的质感和纹理。在绘画领域，肌理是一种重要的表现手法，通过使用不同的材料、工具和技巧可以创造出独特的肌理效果，如粗糙、细腻、柔软、坚硬等。肌理可以通过视觉和触觉来感知，不同的肌理可给人带来不同的视觉和触觉感受。常见的肌理处理技巧有撒盐法、浮色拓印法、自流法、喷洒法、混色法等。

4. 空间

空间指绘画作品中呈现的深度和立体感。创作者通过近大远小的透视关系、近实远虚的层次关系、近鲜远灰的色彩关系，利用比例、交叠、光影等空间表现手段（见图3-20），在二维平面上创造出丰富的层次感和真实的空间效果。

图3-19　混色撒盐肌理画　　　　　　　图3-20　空间表现手段

5. 构图

构图是一幅画的基本框架，创作者根据题材和主题思想的需要，把各种形象恰当地组织起来，构成一个协调的完整画面。创作者借助不同的构图，创造出不同的视觉效果，表达作者不同的思想情感。常见的构图形式有九宫格构图法（见图3-21）、三角形构图法、S形构图法、黄金分割点构图法等。

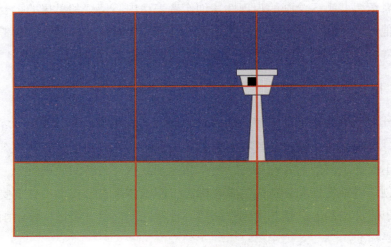

图3-21　九宫格构图法

二、总结与归纳：绘画的审美特征

绘画是一门"致广大，尽精微"的艺术，"几笔勾勒似云锦，点墨绘出心中情"，每一幅画作都有它的精妙之处，都是绘画形式性、表现性、原创性、历史性等审美特征的集中体现。

	过程性指导
探究方法	1. 图片分享：组内分享课前搜集的绘画图片。 2. 小组实践：临摹图片并讨论绘画的审美特征。 3. 课堂展示：选一名代表分享临摹的作品，并从形式性、表现性、原创性、历史性等方面阐述作品的成功之处。
注意事项	从作品的构图、线条、色彩、意境、创新性等方面认真思考、准确辨析。

（一）形式性

绘画是一种具有直观性的视觉艺术。在绘画过程中，一幅绘画作品的形式美可以通过构图的合理性、线条的流畅性、色彩的和谐性来体现。绘画的形式要遵循形式美法则，形式美法则是人类在创造美的形式、美的过程中，对美的形式规律的经验总结和抽象概括，主要包括变化与统一、对比与调和、对称与均衡、比例与尺度、节奏与韵律、齐一与参差。掌握形式美的法则，有助于准确表现美的内容，达到美的形式与内容的高度统一，造型与写意的完美结合。

（二）表现性

表现性是绘画的重要特征。创作者运用多样的笔触、丰富的色彩、合理的布局展现独特的艺术风格和审美情趣，表达自己的情感与思想，给予欣赏者审美体验，引发欣赏者情感共鸣。绘画的表现性是创作者表达内心情感和思想的重要手段，不仅体现了他的艺术水平和创造力，也能使欣赏者从中获得美的享受和思考，从而达到艺术欣赏的目的。

（三）原创性

原创性在绘画领域至关重要。创作者通过自己的视角观察和理解世界，以独特的方式将其呈现出来，使作品具有鲜明的个人色彩。同时，创作者通过突破传统表现方式，不断尝试新的形式和技巧，使作品达到新颖、独特的原创效果。绘画的原创性作为创作者独特性和创造力的重要标志，不仅体现在形式上，更重要的是体现在作品的思想和内涵上，是艺术创作的核心价值之一，也是衡量一幅绘画作品艺术价值的重要标准。

（四）历史性

绘画的历史性具有鲜明的时代特征，是绘画在发展演变过程中所体现的历史和文化特性，不仅展现了艺术自身的进步，也反映了人类社会的文化、政治、经济、生活的历史变迁。通过绘画，我们可以窥见历史的真实面貌，理解不同文化背景下人类的精神追求。同时，不同地区的文化传统、自然环境和民族特色也会对绘画产生影响，形成具有地域特色的绘画风格。了解绘画的历史性，有助于我们更好地理解和欣赏绘画作品，也有助于我们准确地把握艺术发展规律。

三、探究与表达：绘画作品欣赏

（一）中国画欣赏

1. 人物画

《簪花仕女图》（见图 3-22）是唐代周昉绘制的一幅绢本设色工笔人物画，是仕女画的标杆。

画中描绘了春夏之交衣着艳丽的贵族妇女和侍女赏花游园的情景。画作不设背景，主体以工笔重彩描绘了仕女五人、侍女一人。其间两只小狗、一只白鹤、一株辛黄花使原本孤立的人物产生了左右呼应、前后联系的关系，六个人物的主次、远近安排巧妙，景物衬托少而精。画作用笔细劲有神，线条流动多姿，设色浓丽，头发的勾染、面部的晕色、衣着的装饰都极尽工巧之能事；半罩半露的透明织衫表现了贵族妇女肌肤的细腻柔嫩，使人物形象显得丰腴而华贵。画中仕女的表情哀怨忧伤，传达出她们精神上的苦闷和空虚，暴露出安史之乱后盛唐奢靡繁华的表象之下，高墙深院的贵女百无聊赖、缺乏信仰的精神世界。

画中唐代女性的时髦穿搭、动植物造型等为我们研究唐代社会生活、政治经济、文化服饰提供了重要资料。从《簪花仕女图》中可以窥见大唐盛世的繁华辉煌、热烈开放、兼收并蓄，见证璀璨的东方文明在历史长河中的绚烂光彩。

图 3-22 （唐）周昉《簪花仕女图》

2. 花鸟画欣赏

《竹石图》（见图 3-23）是清代画家郑燮 62 岁时创作的一幅写意花鸟画，是国画中"借画喻情"的经典之作。

画作画面简括，四竿顾盼相生的修竹，一方棱角分明的巨石屹立于竹后。竹竿粗细有别，长短有殊，左倾右斜，坚韧而劲挺，表现出不为俗屈的活力；竹叶错落纷呈，浓墨淡墨交替挥毫，以草书竖长撇法运笔，密中见疏，乱中有正，表现出竹劲石坚的勃勃生机；巨石用中锋勾勒，笔致瘦硬秀拔，皴擦较少，以皴染间施笔法画出峭岩嶙峋突兀的质感，大有横空出世之势；左侧的题跋，洋洋洒洒百余字，道出了秀竹挺立孤直、倔强不驯的内涵。

作者通过画竹抒发自己瘦劲孤高、豪气凌云的气节，表达既有"节"又有"品"的生活态度。古往今来，文人雅士青睐于描摹竹子高洁的精神风貌和中虚外实的审美价值，它的形象大量出现在诗文、绘画中，形成一种"竹文化"现象，代代相传。

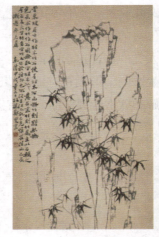

图3-23 （清）郑燮《竹石图》

美之漫谈

郑板桥的"三竹说"

郑燮，字东山，号板桥，是清代著名的文人、诗人、画家和书法家。他借助生活观察和艺术实践，提炼出著名的"三竹说"。

"眼中之竹"——观察，通过眼睛观察事物的形态、颜色、质感等外在特征。

"胸中之竹"——思考，通过内心的感受和理解，对事物产生情感联想，是一种心理层面的体验，包含了艺术家对生活的感悟和理解。

"手中之竹"——创作，通过手中的笔或雕刻工具，将心中事物的意象表现出来，创作出艺术品。

3. 山水画欣赏

《千里江山图》（见图3-24）是北宋画家王希孟18岁时创作的作品，描绘了辽阔壮丽的山河风光，是中国大青绿山水绘画史上重要的里程碑。

全卷画面峰峦叠嶂、逶迤连绵，图中繁复的林木村野、舟船桥梁、楼台殿阁、人物布局井然有序。画中远近山水气势开阔，村舍集市、渔船客舟、桥梁水车、林木飞禽笔墨工致，位置得宜；山石先以墨色勾皴，后施青绿重彩，用石青、石绿烘染山峦顶部，突显青山叠翠；江河勾出水纹，与没

探究方法	过程性指导
探究方法	1. 图片分享：组内分享课前搜集的《千里江山图》相关图片。 2. 小组讨论：讨论画作的创作背景、画面内容、设色特点等相关内容。 3. 上台展示：选派代表分享欣赏画作的感悟。
注意事项	欣赏时要注意探究画作的社会历史背景和作者的成长经历。

骨色彩形成反差对比。全图既壮阔雄浑又细腻精到，是青绿山水画中的巨制杰作。

《千里江山图》作为中国山水画的经典之作，具有集"诗、书、画、印"于一体的国画审美结构，展示了中国博大精深的传统文化，成为许多艺术家、史学家、文化学者研究的珍贵资料。

《千里江山图》赏析

图3-24 （北宋）王希孟《千里江山图》

（二）油画欣赏

1. 人物油画欣赏

《伏尔加河上的纤夫》（见图3-25）是俄国画家伊里亚·叶菲莫维奇·列宾创作的一幅油画作品，在世界画坛被誉为"俄国绘画的奇迹"，是俄国现实主义绘画的一座里程碑。

狭长的画面描绘了十一个蓬头垢面、衣衫褴褛的纤夫疲惫不堪的劳作状态。画作通过细腻的笔触和写实的色彩，将苦难中人物丰富的内心世界和鲜明的个性特征表现得淋漓尽致。画面巧妙地利用了沙滩的缓坡和河湾的转折，描绘了站在黄色沙土底座上的一组"雕像群"。整个画面空旷、迷蒙，反映了纤夫痛苦无助、惆怅忧伤的内心感受，也肯定了隐藏在纤夫身上的力量，预示了人民终将摆脱压迫，迎来自由和解放。

图3-25 （俄国）伊里亚·叶菲莫维奇·列宾《伏尔加河上的纤夫》

为了创作这幅画作，列宾用三年的时间和纤夫交朋友，以我们无法比拟的勇敢一头扎进人民生活、人民利益、人民苦难的最深处，了解人民的生活经历和性格特点，积累了大量绘画素材。画作通过生动的画面和深刻的人物形象揭露了沙皇制度对人民的野蛮剥削，无论从思想上还是技巧上都称得上是19世纪70年代批判现实主义艺术的高峰。

2. 风景油画欣赏

《日出·印象》（见图3-26）是法国画家克劳德·莫奈创作的一幅油画，被誉为印象派艺术的代表作，"印象派"一名也来源于此。

该画描绘了晨雾笼罩中日出港口的景象，用光的变幻与时间的运动绝妙地展现了迷人景色。画家用轻快跳跃的笔触刻画了光在宽阔海面上反射与颤动的生动景象，充满了生活气息，是莫奈画作中最典型的一幅。作品突破传统题材和构图限制，以视觉经验的感知为出发点，侧重表现光线氛围中变幻无穷的外观，大胆地运用"零乱"的笔触展示雾气交融的景象。

莫奈创作的主要目的是探索表现大自然的方法，记录转瞬即逝的感觉印象。《日出·印象》是由色彩谱写的诗歌，是大自然对人类的喃喃细语，是莫奈心中对太阳炽烈的爱，即便是随意一瞥也能给观者留下深刻的印象。

图3-26 （法国）克劳德·莫奈《日出·印象》

3. 静物油画欣赏

《记忆的永恒》（见图3-27）又名《记忆的软钟》，是西班牙画家萨尔瓦多·达利创作的关于梦境的油画作品，被认为是超现实主义艺术的代表作。

图3-27 （西班牙）萨尔瓦多·达利《记忆的永恒》

寂静的旷野、宁静的海面、沙滩、海岸以及蚂蚁、软钟、树枝、方桌一起组成了这幅荒诞的画面，躺在沙滩上的钟表开始融化，扭曲，呈现流动状态，一目了然地阐释出"时间会像液体一样流动消逝"这一抽象概念，表达了对时光无情的感叹。达利运用深沉的色彩，尤其是棕色和金黄色调，赋予了画面一种暖暖的氛围，增强了梦幻感。

达利对心理学和梦境有着浓厚兴趣，通过意识流的表现手法，用现实中不存在的"融化的钟表"等抽象元素，在画家与欣赏者之间搭建起一座沟通的桥梁，打破刻板认知，解放想象力，激发创造力，带我们进入了一个超现实的梦境。

任务二　挥毫书写人生——书法之美

一、理解并掌握：书法的基础知识

书法是一种运用笔、墨、纸、砚等工具，凭借点画的布局、线条的曲直、墨色的浓淡对汉字进行艺术性书写，表达思想情感和审美追求的艺术形式。它不仅是一种文字的书写技能，更是一门富有创造性和表现力的造型艺术，是中华优秀传统文化的重要组成部分，反映了中国人的价值观念和审美情趣，具有交流思想、传承文化等重要的社会作用，是中华民族的文化瑰宝。

（一）书法的发展概况

1. 先秦时期

新石器时代，人们用作记事的图画、符号慢慢演变成早期的汉字雏形。殷商时期，刻写在龟甲和兽骨上用于卜辞和记录祭祀的象形文字甲骨文（见图3-28）出现，其字形结构相对完善，已初具书法的用笔、结体和章法。之后，出现了刻在青铜器上的金文（见图3-29），笔画讲究起收，形体相较于甲骨文更为工整。大篆、小篆也相继出现，对中国文化和文字的传承与发展具有深远的影响。

扫一扫

有趣的甲骨文

2. 秦汉时期

秦代是继承与创新的变革时期。秦始皇统一文字，秦篆即小篆（见图3-30）成为官方标准文字。文字的象形意味削弱，趋于符号化，逐步演化为方块字。书法艺术开始了有序发展，简化的隶书在民间更为流行。这一时期的代表作有李斯的《秦峄山碑》。

图 3-28　甲骨文（《王宾中丁·王往逐咒涂朱卜骨刻辞》）　　图 3-29　金文（《毛公鼎铭》）　　图 3-30　小篆（《秦峄山碑》清拓本局部）

美之漫谈

李斯与小篆

李斯，字通古，秦代丞相，是中国书法史上第一个有记载的书法家，为我国汉字的统一做出了突出贡献。公元前221年，秦始皇接受李斯"书同文"的建议，禁用各诸侯国留下的古文字，以小篆为统一书体，李斯遂奉秦始皇之命制作了这种标准字样。

汉代是书法史上的关键时期。为了提高书写效率，更加规范、简洁的"汉隶"作为主流书体应运而生。小篆的应用虽逐渐减少，却影响着后来书法的发展，在印章、铭文等领域仍处于重要地位。楷书进入了萌芽期，形成雏形。至汉末，我国的汉字书体已基本齐备。代表作有蔡邕的《熹平石经》等。

3. 魏晋南北朝时期

魏晋南北朝是中国书法史上最为重要的时期，楷书成为书法艺术的主体。这一时期的书法不仅具有实用功能，而且在审美价值上也有显著提升，艺术性得到高度重视，呈现出前所未有的繁荣。行书、草书、楷书迅猛发展，完成书体演变且基本定型，中国书法艺术进入"北碑南帖"时代，诞生了王羲之、钟繇等书法家。代表作有王羲之的《兰亭序》，钟繇的《宣示表》等。

4. 隋唐五代时期

隋唐时期，书法艺术开始普及，对日本等东亚国家产生深远影响。隋朝统一后，书法承上启下，融汇了魏晋之书风，主要成就是刻石书法。唐代是继魏晋时期之后的又一高峰，书法艺术崇尚法度规范，风格方整劲健，趋向雄浑肥厚。楷书、行书、草书等均进入空前繁荣时期，篆隶行楷草"五体书法"得到全面发展。涌现出一大批优秀的书法大家及传世名作，如欧阳询的《九成宫醴泉铭》、颜真卿的《祭侄文稿》等。

北碑南帖

北碑南帖是中国古代书法艺术的两个重要流派。

北碑是以北方为代表的书法风格,笔画遒劲有力、结构方正稳定、气质刚正不阿,代表性碑刻有北魏孝文帝碑等,对后世隶书和楷书的发展有重要贡献。南帖是以南方为代表的书法风格,笔触秀丽细腻、线条流畅优美、书写自由自在,代表作有颜真卿的《祭侄文稿》等,对后世楷书、行书、草书的发展影响深远。

5. 宋元时期

宋元时期,书法艺术的特性被进一步强调。宋代以意代法,书法创作提倡个性化和独创性,形成了"尚意"书风,代表人物有苏轼、黄庭坚、米芾、蔡襄,称为"宋四家"。楷书进入了守成期,行书、草书豪放自如。宋徽宗赵佶提出了"诗""书""画""印"相结合的审美标准,创立的"瘦金体"笔画瘦直挺拔,结体内紧外展。元代形成复古风气,注重结字的体态,王羲之、王献之书风又成为书法发展的主流。赵孟𫖯创作的楷书"赵体"与唐代楷书的"欧体""颜体""柳体"并称"四体",成为后代规范描摹的主要书体。代表作有赵孟𫖯的《心经》、倪瓒的《淡室诗》等。

6. 明清时期

明代融合了元代以来的书法风格,形成兼容并蓄、流派纷呈的特点。擅长运用笔墨技法,追求变化与创新,以简约精致为主要特征,注重文人化的艺术表达,强调意境和情感的传达。清代书法由继承、变革到创新,进入了中兴期。美学主潮以抒情扬理为旗帜,追求个性与发扬理性相互结合,正统的古典美学与求异的新型美学并盛。代表作有董其昌的《自诰身帖》、刘墉的《行草临颜真卿送蔡明远叙轴》(见图3-31)等。

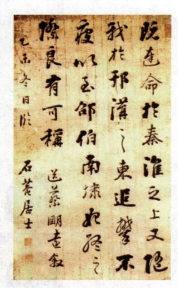

图3-31 (清)刘墉《行草临颜真卿送蔡明远叙轴》

7. 近现代时期

晚清至现当代,是中国书法历史性变革的100年。钢笔在中国的迅速流行与普及,使毛笔书法进入了迷惘彷徨期。毛笔书法经过一个时期的探索,向纯艺术的方向发展。民国时期书法艺术融古贯今、南北兼收、碑帖并重,走上了自觉发展阶段。随着大量书法考古文物的出土,可摹写资源逐渐丰富。照相印刷术的引进,对书法艺术的普及和提高做出了巨大贡献，大大促进了书法艺术的交流。

中华人民共和国成立后，书法家在传统书法的基础上进行创新，吸收西方艺术的新思潮，融合其他艺术形式，形成了当代书法的多元化风格，具有现代化精神，创作出众多新颖的书法艺术作品。随着全球文化交流的加强，中国书法逐渐在国际舞台上崭露头角，书法家用书法传承文化，守正创新，融贯中西，创作了很多震撼人心、流传千古的经典名作。

探究方法	过程性指导
	1. 图片分享：搜集不同类型书法的图片。 2. 小组讨论：仔细观察、探究图片中每种书法的字体特点。 3. 课堂练习：参与"书法分类大通关"竞赛。
注意事项	仔细观察每种类型书体的特点，合理分类。

（二）书法的分类

书法是一种独特的艺术形式，根据不同的风格、字体、历史时期，可分为篆书、隶书、楷书、行书、草书、瘦金体等。每种字体都有着各自鲜明的艺术特征，篆如磐石，隶如卧蚕，楷如君子，行如流水，草如疾风，瘦金如竹。

扫一扫

"性格"迥异的书法

1. 篆书

篆书是书法艺术中最早成形的书体，形状方正，笔画刚劲，文字优美，被广泛应用于印章、印刷和刻石等方面。篆书根据字体风格分为大篆和小篆（见图3-32）。大篆指小篆之前的文字，包括金文（或称"钟鼎文"）、甲骨文等，被广泛用于刻写铭文，笔画较多、结构繁复，天真自由，古朴浑厚。小篆是中国书法发展的重要里程碑，由大篆简化而成，形体规正细长，笔势圆劲均匀，笔画横平竖直，结构均衡对称，空间上紧下松，字体古韵优美。小篆的字形、结构等成为书法家借鉴和研究的对象，对后世书法的发展有着深远的影响，代表作有李斯的《泰山刻石》等。

图 3-32　大篆、小篆对比图

2. 隶书

隶书有秦隶、汉隶等，字形扁平工整、笔画横长竖短，以独特的历史起源、简洁的形体结构和生动的笔法特征，成为汉字艺术中的一朵奇葩，在书法史上的地位和影响深远。代表作有《张迁碑》（见图3-33）《曹全碑》《礼器碑》《乙瑛碑》等。

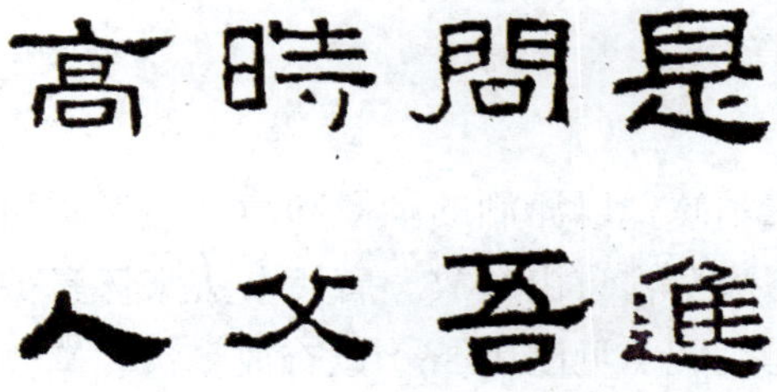

图3-33 （东汉）《张迁碑》（摘录）

隶书的由来

秦朝县狱吏程邈因故入狱，考虑到小篆虽作为标准字体，但不便于速写，影响速度和效率，他搜集民间各种书体潜心研究，把大小篆的圆折转变为方折，删繁就简、去粗取精，十年后，终于创造出书写便利又易于辨认的三千个隶字。因程邈属于"隶"级，人们就把他编纂整理的文字叫作隶书。

3. 楷书

楷书又称真书、正书，保留了隶书的规范性和齐整性，相较于隶书更简练、明朗，是最为规范、工整的字体，常用于印刷、书写正式文件和书法作品。字形均衡平稳、笔画平直、风格古雅、整齐端庄，有一定的书写规则和标准，是后来书法发展的重要基石。唐代书法家颜真卿的《颜勤礼碑》（见图3-34）被誉为楷书的巅峰之作。

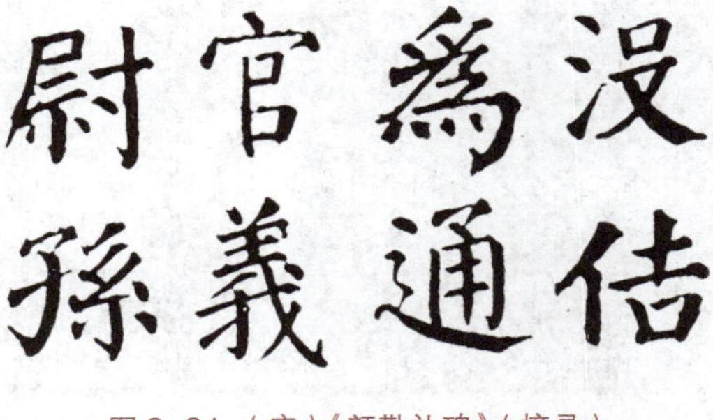

图3-34 （唐）《颜勤礼碑》（摘录）

4. 行书

行书是一种介于楷书和草书之间的字体，在写法上比楷书更简捷，比草书辨识度更高，是一种实用性和艺术性很强的书体。行书流畅飞动，刚柔相济，气韵通畅，富有韵味，被广泛用于书信、文章和绘画。代表作有文徵明的《书沈石田画卷》（见图3-35）等。

图3-35 （明）文徵明《书沈石田画卷》

5. 草书

草书极具个性和艺术感，以潇洒的笔墨和简练的形式而闻名，笔画简练，形态潦草，自由奔放。唐代书法家怀素被誉为"草圣"，其"怀素体"（见图3-36）以奔放豪迈、笔势激荡而著称，为草书的进一步发展奠定了基础。

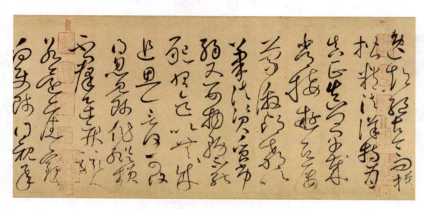

图3-36 （唐）怀素《自叙帖》

6. 瘦金体

瘦金体，又称瘦金书，与隶书、楷书等传统书体区别较大，笔画瘦劲、横竖匀称、健笔开张、挺劲爽利、线条流畅，字体瘦长细窄，侧峰如兰竹，优雅清新，有一定的装饰性，是书法史上极具个性的一种独创书体。代表作有宋徽宗赵佶的《楷书千字文》《欲借、风霜二诗帖》（见图3-37）等。

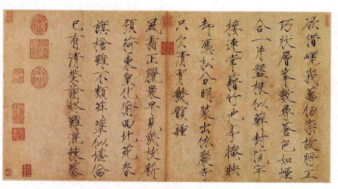

图3-37 （宋）赵佶《欲借、风霜二诗帖》

（三）书法的表现手段

作为中国独有的传统艺术形式，书法的表现手段丰富多样，主要包括用笔、用墨、结体和章法等。

过程性指导	
探究方法	1. 查找资料：收集5~10位书法名家的著名作品。 2. 小组讨论：结合书法的表现手段分析名家巨作的成功之处。 3. 师生总结：总结书法的表现手段。
注意事项	注意从书法的用笔、用墨、结体、章法等方面分析。

1. 用笔

用笔指行笔的方式、方法及产生的效果，包括笔画、笔法、笔力、笔势、笔意等艺术技巧。笔画是构成汉字的基本元素，包括横、竖、撇、捺、点、折、勾、提八种基本笔画。笔法指用笔的方法，包括起笔、收笔、圆笔、方笔、中锋、侧锋、露锋、藏锋等，不同的笔法可以产生不同的线条效果。笔力指笔画的内在力量在用笔中表现的强弱和力度，包括运笔中的刚柔、急缓、轻重、提按等。笔势指书写时笔的运行态势和力度变化，运笔时快慢结合、急缓交替可造就笔画的万千气象。笔意指笔画线条所表现出的感情和意趣，通过控制笔画的粗细、长短、曲直、轻重等，可以表现出不同的字体风格和情感。

2. 用墨

用墨指墨的着色程度及变化。古人有墨分五色之说，即浓墨、淡墨、枯笔、涨墨和渴笔，也就是我们今天说的浓、淡、干、湿、焦。墨与水的调配比例决定墨色的浓淡程度，毛笔笔头的藏墨量决定墨色的干湿程度。还可以通过控制蘸墨次数及蘸一次墨后的书写量，使书法作品产生丰富灵活的节奏变化。墨色是书法作品中至关重要的元素之一，对于烘托书法的神采、意境和情趣具有重要作用。不同的墨色可以为作品赋予不同的氛围和情感。一字之中浓淡互用，笔画之间彼此渗透，油生丰富的意趣。用笔和用墨相结合，"以笔取气，以墨取韵"，使书法更加气韵生动，产生血润骨坚的艺术效果。

3. 结体

结体指汉字书写时点画之间的组织布置，又称结构或间架。结体处理得好，字形才美观。书法在结体上十分讲究，笔画讲究长短粗细、俯仰伸缩，偏旁讲究构件的高低、宽窄、敬正，二者搭配时要符合虚实、欹侧、匀称、和谐、聚让、呼应等字体常规。结体能体现出书法家鲜明的个性特征，如林则徐的楷书字字精到、刚劲有力，体现其性格刚烈自律、磊落正直；虞世南的楷书温润典雅、外柔内刚，体现其性格品行高洁、沉静博学。书法凭借严谨的结体，冲击着人的视觉，给人以美的享受。

4. 章法

章法指一幅书法作品中字的大小、形状、间距等整体的布局。章法的布局要考虑书法的虚实、黑白、比例、疏密关系和空间关系，不同的书法风格有不同的章法布局，如篆书、隶书、楷书讲求字正行直、布白匀称、井然有序、严谨舒适、稳中求变的整饬之美；行书、草书讲求变化多端、动静相生、上下呼应、起伏有序、和谐统一的错落之美。除此之外，还要考虑整个书法作品中正文与题跋落款、印章的关系，要根据正文内容的布局斟酌题跋落款的字体、大小和位置，使正文与款字之间主次分明、虚实相安；印章的大小、形状、数量、位置、内容均要与款字搭配恰当，以增强作品整体的形式美。

二、总结与归纳：书法的审美特征

书法是中华优秀传统文化的重要组成部分，其审美特征承载着丰富的历史意蕴和时代内涵。

扫一扫

书法之美

（一）形式美

书法作品虽处方寸之地，却尽现万象之美。凭借独具韵味的线条，组合构建意态万千的翰墨华采；运用浓淡相宜的墨色，挥毫点染遒美健秀的意韵姿态；通过适宜和谐的结体章法，传递真挚深刻的思想情感，给人以精神的享受和智慧的启迪。分析书法作品中的形式美，有利于我们更好地感受传统文化的深刻内涵和独特魅力，推动书法艺术的传承和发展。

（二）意境美

书法的意境美是书法家结合自身对自然、生活、社会的观察和感受，在纸上营造出的一种超越文字表层含义、融入更深层次思考的独特意境。意境美是书法美学的核心，是书法艺术表现的最高境界。书法作品具有了意境，就具有了观之有味、思之有余的奇妙魅力。书法的意境美是造化和心源的有机渗透、形质与神采的水乳交融、情感和理趣的辩证结合，透过意境美可以体悟华夏美学精神之所在。

（三）时代美

书法作品不仅反映了艺术家的风格气质、创作手法、思想意蕴等个性特征，还体现了各个时代的社会文化、哲学思想、政治风貌等历史特征，是时代文化的艺术体现。不同时期的书法作品中都烙印着历史和时代发展的痕迹，在篆隶行楷草的精妙叙述中，我们可以感受到书法艺术的深远意境，捕捉到中华文脉的时代记忆，体悟到中国文化的隽永内涵。

三、探究与表达：书法作品欣赏

（一）篆书作品欣赏

石鼓文（见图3-38）是我国现存最早的刻石文字，因其刻石外形似鼓而得名，在十块鼓形石上，每块各刻四言诗一首，歌咏国君游猎情况，因而也称"猎碣"。

石鼓文的字体（见图3-39），上承西周金文，下启秦代小篆，是由大篆向小篆衍变而又尚未定型的过渡性字体，在书法史上起着承前启后的作用。用笔起止均为藏锋，线条饱满圆润，笔意浓厚；结体方正匀整，舒展大方，促长伸短，匀称适中；章法横有行、竖有列，古茂雄秀，冠绝古今，字与字之间相对独立，在给每个字单独表现空间的同时，又兼顾了通篇的章法。

石鼓文是先秦书法中最经典、最美的作品之一，被历代书家视为习篆书的重要范本，评价颇高。康有为赞誉石鼓文："奇古生动……若星辰丽天""即为中华第一古物，亦当为书家第一法则也"。

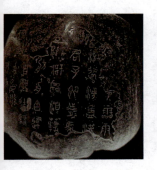

图3-38 （秦）石鼓文

图3-39 石鼓文拓片（局部）

（二）行书作品欣赏

《兰亭序》（见图3-40）又称《兰亭集序》，是东晋时期王羲之的行书作品，不仅在书法艺术上具有极高地位，在文学艺术上也有着深远的影响。

作品为王羲之与名流墨客兰亭集会，临水赋诗抄录成集之序文。从文学艺术角度来看，作品内容叙景抒情、平实舒缓、清丽高雅、匠心独运，用词精美凝练，写作手法高超。从书法艺术角度来看，笔力书写劲健、环绕灵动、俊美之极，字形美而不媚、潇洒飘逸、高低错落，墨色深浅有致、浓淡相宜、意境脱俗，章法淡雅舒缓、变化起伏、合理有序，体现了作者豁达洒脱、追求自然、安宁自怡的人生态度。

作为行书的典范之作，整个作品一气呵成，气韵鲜活，和谐统一，飘俊飞扬，被誉为"天下第一行书"。梁武帝萧衍评价："字势雄逸，如龙跳天门，虎卧凤阙，故历代宝之，永以为训。"

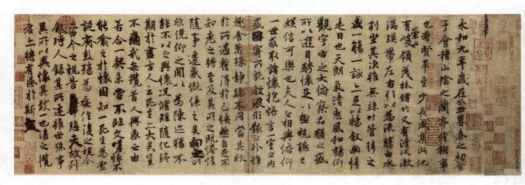

图 3-40 （东晋）王羲之《兰亭序》

（三）楷书作品欣赏

《多宝塔碑》（见图 3-41）是唐代颜真卿的楷书作品，是其传世最早之碑作。

《多宝塔碑》全称《大唐西京千福寺多宝塔感应碑》，共 34 行，满行 66 字，主要记载了西京龙兴寺禅师楚金创建多宝塔的原委及修建经过。作品结构严密、端庄质朴；字型秀丽刚劲、平稳端正、筋骨刚强、严谨庄重；笔法点画精致、清雄秀媚、疏密有间、收放有序；通篇章法平稳端正、布白匀称、严谨舒适，充分体现了中和之美。

颜真卿一生忠烈，在完善他刚介守正人格的同时，也逐步形成了刚健雄浑、超凡脱俗的书法艺术品格。其缔造的"颜体"，对后世产生了深远影响，一直被历代文人学子推为学习书法的范本。其书法艺术成就之高，也深得后人景仰。

图 3-41 （唐）颜真卿《多宝塔碑》(局部)

课后创造升华——悟美之道

向美而行——实践作业

项目实践活动

活动描述

以"'艺'心向党"为活动主题，绘制一幅书画作品，为参加校园艺术节和大学生艺术展演活动打好基础。纸张 4K 大小，绘画、书写工具材质不限，要求内容积极向上，绘画作品适当搭配文字。

🌀 任务实施

1. 学生自由分组，1~3 人为一组，并填写实践活动记录表（见表 3-2）。
2. 各小组在课堂展示，指导教师对展示情况进行评分。

表 3-2 实践活动记录表

专业：_____ 班级：_____ 小组：_____ 指导教师：_____

活动安排情况		活动完成情况		活动评价情况			
小组成员	活动分工	活动项目	活动内容	评价项目	评价内容	分值	得分
		书画名称		知识、技能评价（70%）	立意鲜明，积极健康，贴合主题	15	
					作品内容相对完整，具有感染力	15	
		创意来源			技巧选用得当，能充分表达作品的思想感情	25	
					构图合理，主次搭配恰当	15	
		作品简介		素养评价（30%）	具备较强的创作能力和实践能力	10	
					具有良好的团队精神和团队协作能力	10	
		工具材料			弘扬社会主义核心价值观，具有正确的审美观和健康的审美情趣	10	
				评价和建议		活动总分	

知美达美——理论作业

项目学习效果检测

基础型练习

一、填空题

1. 王希孟是北宋年间的青年画家，代表作是（　　）。
2. 书法大家（　　）的代表作是《兰亭序》。

二、选择题

1.鲁本斯是（　　）时期的杰出艺术家。
A. 古典主义　　B. 巴洛克　　C. 文艺复兴　　D. 古希腊
2.印章上经常出现的字体是（　　）体。
A. 宋　　B. 楷　　C. 篆　　D. 草

三、简答题

1.简述绘画的分类。
2.简述楷书的书法特点。

拓展型练习

一、填空题

1.西班牙的阿尔塔米拉洞穴壁画以（　　）色、黑色和褐色为主，描绘了野牛、鹿和马等野生动物。
2.行书是一种介于楷书和（　　）之间的字体，是一种实用性和艺术性很强的书体。

二、选择题

1.《天王送子图》的作者是（　　）。
A. 吴道子　　B. 郑燮　　C. 达·芬奇　　D. 达利
2.最早的文字可以追溯到（　　）文。
A. 石刻　　B. 岩壁　　C. 甲骨　　D. 青铜

三、判断题

1.书法的表现手段不包含用笔与用墨。（　　）
2.永乐宫位于山西省大同市。（　　）

四、简答题

1.欣赏《千里江山图》，从作者、创作背景、画面布局、社会影响等方面阐述自己的观点和看法。
2.欣赏《兰亭序》，从用笔、用墨、结体、章法等方面分析其表现手段。

习美评价——学习测评

项目学习评价标准

请根据项目学习评价标准表（见表3-3）完成多元化评价。

表3-3 项目学习评价标准表

学习目标	项目子任务	考核内容	评价等级 A	评价等级 B	评价等级 C	得分
知识目标和能力目标达成度	了解造型艺术的基础知识	能够阐述绘画艺术、书法艺术的发展概况	5	4	3	
		能够举例说明绘画艺术、书法艺术的分类	5	4	3	
		能够阐述绘画艺术、书法艺术的表现手段	15	12	9	
	掌握造型艺术的审美特征	能够用绘画艺术、书法艺术的表现手段进行个性化创作	15	12	9	
		能够通过赏析绘画和书法作品，探究作品的思想内涵	10	8	6	
		能够把握绘画艺术、书法艺术的审美特征，体悟作品蕴含的美感	10	8	6	
素养目标达成度	丰富审美情感，陶冶高尚情操，增强文化自信和民族自信，传承中华优秀传统文化	丰富审美情感，陶冶高尚情操，塑造美好心灵，弘扬美育精神	20	16	12	
		提升审美判断力，增强文化自信和民族自信，传承中华优秀传统文化	20	16	12	
教师评语		总分（定量评价）				
专家点评		评定结果（定性评价）	□优秀　□良好 □合格　□不合格			

备注：

1. 本项目学习内容可结合学习目标，采用教师评价、学生自评、学生互评、专家点评等方式进行多元化评价。

2. 90~100分为优秀；70~89分为良好；60~69分为合格；60分以下为不合格。

项目四
节奏与韵律的交相辉映
——表情艺术

项目引言

  表情艺术是以人的声音、肢体语言等来刻画人物性格，表现人物情感，反映社会现实的艺术形式，强调情感表达的真实性和生动性，是人们生活中较为普及的艺术门类。《毛诗序》中有这样的描述："情动于中而形于言，言之不足，故嗟叹之，嗟叹之不足，故咏歌之，咏歌之不足，不知手之舞之足之蹈之也。"由此可见，音乐与舞蹈这两种表情艺术能够直接、强烈、细腻地表现内心情感，使人的声音和肢体得到艺术的展现，思想受到美的熏陶。

【学习目标】

知识目标
1. 了解音乐艺术和舞蹈艺术的发展概况、分类及表现手段。
2. 掌握音乐艺术和舞蹈艺术的审美特征。

能力目标
1. 能够通过分析音乐和舞蹈语言，归纳作品的艺术特征。
2. 能够通过赏析音乐和舞蹈作品，探究作品的思想内涵。
3. 能够运用音乐语言及肢体语言表达自己的情感和生活体验。

素养目标
1. 增强审美情趣，提升艺术修养，丰富情感体验，陶冶高尚情操。
2. 根植"以人民为中心"理念，树立正确艺术观，传承中华优秀传统文化，厚植爱国主义情怀，增强民族自信心和自豪感。

【思维导图】

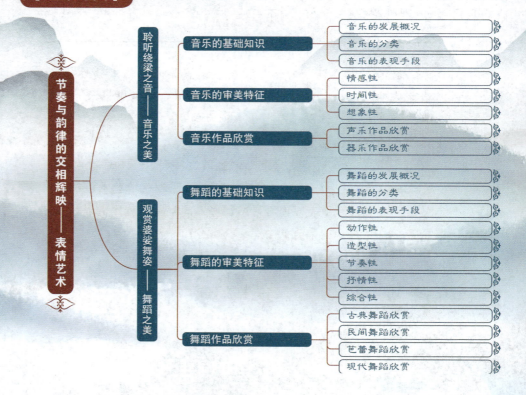

【任务清单】

完成一项学习任务后,请在表4–1对应处打钩。

表4–1 任务完成情况记录表

任务阶段	任务名称	任务分解	完成情况	心得记录
课前准备	寻美之迹	准备学习用品,搜集音乐之美、舞蹈之美的资料		
		预习课本知识,形成对音乐之美、舞蹈之美的初步印象		
课中探究	品美之韵	了解音乐艺术、舞蹈艺术的发展概况及分类		
		掌握音乐艺术、舞蹈艺术的表现手段,深入探究欣赏音乐之美、舞蹈之美的方法		
		掌握音乐艺术、舞蹈艺术的审美特征		
		通过赏析《教我如何不想她》《春节序曲》等音乐作品,了解作品背后的音乐文化和思想内涵,感悟中华儿女的美好愿景与爱国情怀;通过赏析《千手观音》《红色娘子军》等舞蹈作品,感受艺术家顽强的意志和坚韧的品格,体悟大无畏的革命精神,激发对美好生活的追求和向往		
课后实践	悟美之道	与同学积极配合,参与课后"经典永流传"实践活动,提高艺术表现能力、团队协作能力和人际交往能力		
		运用所学知识发现生活中的音乐、舞蹈之美,运用音乐语言及肢体语言表达自己的情感和生活体验		

课前自主探究——寻美之迹

"你相信音乐能让你回到过去吗?""如果可以回到过去,你会给哪一年的自己写一封信?"这是音乐综艺节目《时光音乐会》中直击心灵的对话。节目以"信"为媒,开辟"音乐+故事"的新形式,打破传统的音乐欣赏模式,串联起时光里的故事与故事里的音乐。2023年《时光音乐会》第三季中《海阔天空》《追光者》等歌曲的全新呈现,使我们产生了强烈的思想共振与情感共鸣,给我们带来了全新的审美体验。

音乐艺术作为情绪抒发、情感表达的载体,是一种特殊的表情艺术。音乐的美总能恰如其分地唤醒欣赏者的记忆和情感,抚慰欣赏者的情绪和心灵。让我们聆听灵魂深处的声音,怀着"体味音乐之美"的憧憬,开启全新的音乐之旅吧!

课中任务合作——品美之韵

任务一 聆听绕梁之音——音乐之美

一、理解并掌握:音乐的基础知识

音乐作为以声音为载体的艺术形式,通过旋律、节奏、和声、音色等要素构建起丰富多彩的听觉世界。它以独特的艺术语言表现内心世界,传达真实情感,反映社会生活。

扫一扫

漫步中国音乐长廊

(一)音乐的发展概况

1. 中国音乐的发展概况

中国有着"礼乐之邦"的美誉。早在原始社会,我国先民就在劳动过程中创造了属于自己民族的音乐艺术,代表作品有《弹歌》《云门》《咸池》等,代表乐器有贾湖骨笛、曾侯乙编钟(见图4-1)等。同时,掌握了音律、调式等音乐理论。

(1)先秦时期

先秦时期的音乐在中国音乐史上具有重要意义,经历了萌芽、礼乐、发展等多个重要阶段,这一时期的音乐理论和实践为后来的音乐发展提供了宝贵的经验和启示。

图 4-1 曾侯乙编钟

夏商时期，中国步入奴隶制社会，音乐艺术也产生了阶级烙印，代表作品有歌颂统治者的《大夏》《大濩》等。这一时期的打击乐器居多，主要有磬（见图 4-2）、铙、鼓等。周代强调"制礼作乐"，建立了我国历史上第一个明确的"雅乐"体系，编订了我国第一部诗歌总集——《诗经》，确立了世界上最早的乐器分类法——"八音"分类法，是我国历史上音乐文化发展的第一个高峰。乐器主要有钟、鼓、磬、箫等。春秋战国时期，音乐向多元化发展，主要乐器有筝、琴、筑等，其中，琴的运用最为广泛。著名演奏家伯牙的琴曲《高山流水》就是这一时期的作品。同时，出现了专门进行表演的"歌人"，如韩娥、秦青等。

图 4-2 磬

（2）秦汉时期

秦汉时期，音乐艺术在继承先秦音乐传统的基础上实现了创新融合，展现了特有的包容性。这一时期设立了用于采集、整理、加工民间歌谣的音乐机构——乐府，民间音乐艺术走向专业化。表演体裁包括相和歌、鼓吹乐、百戏等，其中，相和歌经过发展形成了初具三段式歌舞曲结构的"相和大曲"。这一时期的主要乐器有筘、筑、琵琶、箜篌等，出现了琴学专著《琴操》。

（3）魏晋南北朝时期

魏晋南北朝时期，各民族音乐文化大融合。相和歌持续发展，与吴声、西曲融合，形成了新的音乐种类——清商乐，被誉为"华夏正声"。这一时期，乐器种类进一步增加，出现了筚篥、方响等乐器。古琴文化进一步丰富，《酒狂》等琴曲被创作出来。音乐理论进一步发展，阮籍的《乐论》和嵇康的《声无哀乐论》等美学著作问世。

（4）隋唐时期

隋唐时期，对外交流频繁，各民族音乐文化和思想激烈碰撞与交汇，出现了宫廷音乐发展的高峰——燕乐。燕乐包括多种音乐形式，其中歌舞音乐占有重要地位，多段的大型歌舞曲叫作大曲，在唐代燕乐中具有突出的艺术成就，代表作品有《霓裳羽衣曲》《秦王破阵乐》等。这一时期的音乐机构有大乐署、鼓吹署、教坊、梨园等，出现的新乐器有奚琴和轧筝等。

（5）宋元时期

宋元时期，市井文化繁荣，产生了反映城市人民生活的丰富多彩的音乐。瓦子、勾栏等娱乐场所的建立为市民音乐的兴起提供了条件，唱曲填词成为广大市民茶余饭后的娱乐项目，市民阶层成为音乐艺术创作的主体和对象。以歌唱为主的诸宫调、唱赚等说唱音乐趋于成熟，为后来弹词和鼓词的形成奠定了基础。南戏与元杂剧相继出现，成为我国南方和北方的两大代表性剧种。这一时期，出现了《乐书》《碧鸡漫志》等重要的音乐理论著作，其中，陈旸的《乐书》被誉为我国第一部音乐百科全书。

（6）明清时期

明清时期是中国古代音乐的集大成时期，大量人口流入城市，在民歌的基础上衍变出城市小曲。小曲题材丰富、形式多样、流行广泛、曲目众多，反映了社会生活的方方面面。以弹词、鼓词为主的说唱音乐空前繁盛，海盐、余姚、弋阳、昆山四大声腔争奇斗艳，昆曲、京剧相继形成并广为流传，为我国戏曲的发展奠定了基础。乐器种类丰富多样，唢呐（见图4-3）、琵琶、二胡皆为代表。朱权的《神奇秘谱》和徐上瀛的《溪山琴况》等理论研究成果推动了音乐艺术的进一步发展。

图 4-3　唢呐

（7）近现代时期

维新变法后，我国各地陆续建立了新式学堂，学堂乐歌这一新的音乐样式应运而生。学堂乐歌主要表现富国强兵、救亡图存、妇女解放等主题，是我国近代新音乐发展的开端，代表作品有《春游》《送别》等。五四运动后，我国音乐艺术脱离传统创作模式，借鉴西方的和声及作曲技法，在体裁和形式上有了新的突破，代表作品有《大江东去》《教我如何不想她》等。中华人民共和国成立后，作曲家在音乐创作方面进行了大胆尝试，赋予了民间歌曲新的生命力，增强了作品的艺术感染力，代表作品有《草原上升起不落的太阳》《嘎达梅林》等。改革开放后，我国与世界各国的交流与合作日益频繁，音乐艺术呈现百花齐放的局面。

2. 西方音乐的发展概况

（1）古希腊、古罗马时期

古希腊、古罗马时期，音乐主要出现在祭祀酒神的悲剧和文人吟唱的情歌中。

同时，教会音乐兴起，集体性的军乐及游行仪式音乐开始流行，音乐艺术朝大型化、实用化、典仪化、职业化的方向发展。这一时期的伴奏乐器以弦乐里拉琴、管乐阿夫洛斯管和水压管风琴为主。另外，在音乐理论上，毕达哥拉斯提出音乐和谐论、阿里斯多塞诺斯提出四音音列，为之后的调式等理论的建立奠定了基础。

阅览西方音乐画卷

（2）中世纪

中世纪，音乐艺术以教会音乐为主，具有浓郁的宗教色彩。其中，最具代表性的格里高利圣咏一般用于各种礼拜仪式，后发展成为多声部的奥尔加农，复调的概念由此而生。随着经文歌、卡农等复调音乐的持续发展，教会调式逐步系统化。与严肃教条的教会音乐相比，中世纪的世俗音乐由法国的游吟诗人和德国的恋歌诗人创作并演唱，风格轻松自由，贴近民间生活，具有抒情特色，这一时期的代表乐器有维埃尔琴、索尔特里琴及管风琴等。

格里高利圣咏

格里高利圣咏是指以罗马教皇格里高利一世命名的宗教音乐，常被称为平歌或素歌。主要运用在宗教教会仪式活动中，歌词主要取自圣经，旋律服从歌词，无明显的节拍特征，风格肃穆、超脱，是一种没有伴奏的单声部歌曲。

（3）文艺复兴时期

文艺复兴时期，音乐艺术逐渐从教会音乐体系中解放出来，作品以复调音乐为主，表现世俗题材的作品增多，主要有意大利的牧歌、法国的尚松、西班牙的维良西科等。同时，器乐艺术逐渐摆脱声乐艺术成为独立的音乐体裁，乐器种类有了极大的丰富，代表乐器有维奥尔琴、古钢琴等。代表作曲家有帕莱斯特里那、若斯坎、A.加布里埃里等。

（4）巴洛克时期

巴洛克时期，音乐旋律装饰音居多、复杂华丽，节奏强劲鲜明、富有推动力，主要使用"通奏低音"作曲技法。大小调式取代教会调式，形成了相对完整的和声体系。这一时期，歌剧诞生，器乐演奏得到了极大的发展，常见乐器有古钢琴、管风琴、小提琴（见图4-4）等，代表作品有巴赫的《勃兰登堡协奏曲》、维瓦尔第的《四季》等。声乐体裁类型也得到了丰富，如康塔塔、清唱剧、受难乐等。出现了许多重要的作曲家，如巴赫、亨德尔等。

图 4-4　小提琴

（5）古典主义时期

古典主义时期，音乐旋律装饰音减少，常常由"动机"衍变而来，强调对称，注重简洁，节奏型丰富，速度多变，力度类型有所增加，大小调进一步发展，转调成为音乐情绪转折的重要手段。这一时期的音乐体裁有了创新发展，歌剧在格鲁克的改革下获得了新的生命力，喜歌剧兴起，产生了以海顿、莫扎特、贝多芬为代表的维也纳古典乐派。

美之漫谈

维也纳古典乐派

维也纳古典乐派指18世纪下半叶至19世纪初在维也纳形成的以古典风格为创作标志的音乐流派。以海顿、莫扎特和贝多芬（见图4-5）为主要代表，推崇理性和情感的统一，追求艺术形式的严谨和完美，以器乐创作为中心，确立了主调和声风格的主导地位，创造性地运用了复调对位手法，产生了众多堪称典范的传世之作。代表作品有海顿的《创世纪》、莫扎特的《唐璜》、贝多芬的《命运交响曲》等。

图 4-5　贝多芬

（6）浪漫主义时期

浪漫主义时期，音乐旋律打破对称，节奏充满变化，更注重大小调和弦的色彩性使用，灵活使用各种音乐表情术语，突出音乐情绪的极端化表达，注重个性发展。各种乐器的特色得以充分挖掘，配器技术得到快速发展，艺术歌曲和小型器乐曲更加丰富，出现了交响诗等器乐体裁，标题音乐蓬勃发展，瓦格纳的"乐剧"推动歌剧艺术发展到了历史最高峰。这一时期，出现了许多优秀的作曲家，如柏辽兹、门德尔松、李斯特、舒伯特、斯美塔那等。

（7）20世纪

20世纪，音乐风格向多样化发展，产生了表现主义、新古典主义、民族主义、序列音乐等音乐流派。作曲家摒弃传统，运用创新手段对音响进行探索，不过多关注音乐情绪，更追求音乐本身的逻辑。电子技术的使用为音乐的发展提供了新的可能，各国音乐有了更多的交流融合，创作了许多具有抒情性、叙事性、诙谐性的音乐作品。代表作曲家有勋伯格、格什温、普罗科菲耶夫、斯特拉文斯基等。

（二）音乐的分类

按照表演时所采用的不同物质手段，音乐艺术可分为声乐和器乐两大类。

1. 声乐

声乐是音乐与文学的完美结合，能更直接、更细腻地表达创作者的思想情感，使听众更容易理解并产生共鸣。

（1）按人声分类

因生理、音色等因素的差异，人声具有不同的音域和音质，形成不同的风格，可分为童声（见图4-6）、女声、男声三类。其中，按照演唱者音域的高低和音色的差异，女声可分为女高音、女中音和女低音；男声可分为男高音、男中音和男低音。

扫一扫

人声的魅力

图4-6 童声

（2）按演唱形式分类

按照演唱形式，声乐可分为独唱（见图4-7）、对唱、齐唱、合唱、重唱、领唱、轮唱等。独唱是由一个人单独演唱歌曲，对演唱者的艺术素养和歌唱技巧有一定要求，如《我爱你，中国》等；对唱是由两个人或两组人以对答的形式演唱，多为单声部歌曲，气氛热烈而欢快，如《河边对口曲》等；齐唱是两人以上同时进行同度或八度音程关系旋律的演唱，雄浑有力，整齐划一，如《我们走在大路上》等；合唱是两组或两组以上演唱者，按不同声部进行两个或两个以上不同曲调

扫一扫

演唱形式知多少

的演唱，对各声部的旋律演唱有严格的要求，如《走向复兴》等；重唱是不同声部进行两个或两个以上不同曲调的演唱，每个声部仅由一人担任，这也是重唱与合唱的最大区别，如《三套车》等；领唱是由一人或数人引领众人齐唱或合唱，要求具备较高的演唱技巧和音乐表现力，如《同一首歌》等；具有引领众人歌唱的作用，如《同一首歌》等；轮唱是借用卡农的创作手法，将多人分成二至四个声部，先后进行同一曲调的演唱，如《保卫黄河》等。

由于表现的需要，各种演唱形式也会在同一作品中综合运用。如贝多芬《第九交响曲》第四乐章就成功地将独唱、重唱、合唱融合在一起，表现出"四海之内皆兄弟，实现人类大团结"的美好愿景。

图 4-7 独唱

歌曲中的家国情怀

优秀的音乐作品不仅展现出鲜明的艺术风格，更厚植着深沉的家国情怀。例如，《我爱你，中国》汇聚了亿万中华儿女的心声，抒发了中华儿女对祖国壮丽河山的热爱之情；《河边对口曲》以壮阔的黄河为背景，展示了抗日战争时期中华民族高涨的爱国热忱；《我们走在大路上》描绘了中国人民在社会主义建设时期昂首前进的壮志豪情，唱出了奋斗者的坚定信念；《我们都是追梦人》赞美了追梦人在实现梦想过程中的不懈努力和坚韧不拔的精神，体现了新时代中国人民积极进取、奋发向前的时代风貌。歌曲中的家国情怀，传递着凝聚民族精神、激发爱国热情的文化力量，激励着我们为实现中华民族伟大复兴的中国梦而努力奋斗。

（3）按作品体裁分类

按照作品体裁，声乐可分为民歌和创作歌曲。

民歌是人民群众在长期实践中，口头即兴创作，反映社会生活，表达思想感情的一种艺术形式。民歌题材丰富，歌词质朴，曲调婉转，节奏明快，形象鲜明。

创作歌曲是词曲作家创作的声乐作品，包含群众歌曲、艺术歌曲、通俗歌曲和大型声乐作品等。群众歌曲一般指为群众演唱而创作的歌曲，节奏鲜明，易于上口，曲调雄壮豪迈，歌词通俗简练，适合集体齐唱，如《我们走在大路上》等；艺术歌曲结构完整独立，歌词具有较高的文学性，作曲技法较为复杂，对演唱技艺要求较高，如《鳟鱼》等；通俗歌曲也称流行歌曲，短小精练，通俗易懂，娱乐性强，深受大众尤其是青少年喜爱，如《同桌的你》等；大型声乐作品泛指结构规模宏大的多乐章声乐套曲。各首歌曲在结构上相对独立，在内容和音乐风格上相互联系，如《长征组歌》等。

艺术歌曲

18世纪末19世纪初，在浪漫主义音乐潮流的推动下，伴随抒情诗的兴起和繁荣，具有浪漫主义风格的艺术歌曲在西方诞生。艺术歌曲的歌词多来源于著名诗歌，常用钢琴或管弦乐器伴奏，侧重表现人的内心世界，具有较强的音乐表现力。中国艺术歌曲在20世纪20年代初期产生，并迅速发展成为我国音乐文化最重要的形式之一。

2. 器乐

器乐是以各种乐器为载体进行演奏的音乐。与声乐相比，器乐的音域更为宽广，能更加自由地进行艺术表现，擅长戏剧性地表达情感意境。

（1）按主奏乐器分类

按主奏乐器的不同，器乐可分为古琴曲、二胡曲、钢琴曲、小提琴曲等。

八音分类法

八音分类法产生于周代，是世界上最早的乐器分类方法。根据不同的制作材料，把乐器分成金、石、丝、竹、匏、土、革、木八类，叫作"八音"（见图4-8）。"金"是指金属乐器，大多由铜或铜锡混合制成，如编钟等；"石"指石制乐器，主要指以坚硬的大理石或玉石制作的乐器，如石磬等；"丝"指各种弦乐器，如琴、琵琶等；"竹"指各种吹奏乐器，如箫、笛等；"匏"指用匏瓜制成的乐器，如笙、葫芦丝等；"土"指用泥土制成的陶类乐器，如埙、缶等；"革"指用动物皮革制成的乐器，多为打击乐器，如鼓等；"木"多指木制打击乐器，如敔、柷等。

图4-8 八音乐器图示

（2）按演奏形式分类

按照演奏形式，器乐可分为独奏（见图4-9）、齐奏、合奏、重奏等。独奏是由一个人单独演奏一件乐器的演奏形式，强调演奏者的演奏技巧和音乐素养，如琵琶曲《十面埋伏》等。齐奏是由两件或两件以上的乐器，按同度或八度音程关系同时演奏同一曲调，要求整齐统一，如《光明行》等。合奏是由多种乐器按不同声部演奏同一首乐曲，音响效果丰富多彩，富有表现力，如《百鸟朝凤》等。重奏是由两件或两件以上乐器独自承担不同声部演奏同一首乐曲，强调整体的匀称、均衡、统一，如《C大调皇帝弦乐四重奏》等。

图4-9 独奏

（3）按作品体裁分类

按照作品体裁，器乐可分为交响曲、奏鸣曲、协奏曲等。交响曲是由管弦乐队演奏的大型器乐套曲，结构规模宏伟庞大，音乐语言丰富细腻，通过多层次的艺术表现手法展现深刻的思想内容，如贝多芬的《c小调第五交响曲》等。奏鸣曲起初泛指所有器乐曲，与声乐曲相对。后特指由一件独奏乐器演奏或一件独奏乐器与钢琴合奏的器乐套曲。奏鸣曲在表现内容、结构形式上极具特色，在古典主义时期的器乐创作中占有突出地位，如贝多芬的《月光奏鸣曲》等。协奏曲从声乐合唱曲中产生，是一种由独奏乐器与管弦乐队协同演奏，呈现对比和谐关系的大型器乐作品，其中，独奏乐器是协奏曲的灵魂。协奏曲展示了独奏乐器的技术和表现力，彰显了独奏乐器与管弦乐队之间对话、协同的魅力，使作品更加生动丰富，如维瓦尔第的小提琴协奏曲《四季》等。

（三）音乐的表现手段

1.速度与力度

音乐中的速度是指音乐进行的快慢程度。音乐的速度与作品的情感变化密切相关。快速的音乐通常用来表达欢快、紧张、激昂、兴奋的情绪；中速的音乐多表现抒情、赞美、温柔、亲切的情绪；慢速的音乐常用来表达平缓、柔和、沉痛、忧郁的情绪。

音乐中的力度是指音的强弱程度，对表达音乐情绪、塑造音乐形象起着重要作用，是不可或缺的音乐表现手段。音乐作品常运用强弱对比的手法来推动音乐发展,力度越强,音乐越紧张、雄壮,力度越弱,音乐越缓和、委婉。

2. 旋律与节奏

旋律又称"曲调",是高低不同、长短不齐和强弱不一的音组成的单声部横向进行的线条,被称为音乐的"灵魂"。它可以是一部单声部音乐,也可以是多声部音乐的主声部,我们形象地称这个线条为"旋律线"。旋律将所有的音乐基本要素组合在一起,成为完整的不可分割的统一体,从而表现出作品的情绪、风格、民族特征和时代特征等。

过程性指导	
探究方法	1. 声势练习:根据教师演示进行相应声势练习。 2. 小组展示:小组轮流展示,并进行组间评价,教师依次点评。
注意事项	注意身体各部位的协调统一和不同表现手段的准确把握。

节奏是音乐的"骨骼",是音乐活力的来源,是长短、强弱不同的各种音符的组合。当时值长、节奏舒展,则适宜表现平和、优美的情绪;当时值短、节奏紧凑,常营造活泼、欢快的氛围。其实,音乐的节奏是人类在长期实践中,把自然界存在的节奏形态提炼出来,加以集中和创造形成的。

3. 和声与调式

和声是指两个或两个以上不同的音构成的音响组合,可以按一定的法则同时发声。和声的基础单位是和弦,作曲家通过有目的地选择、组织和弦来概括特定的艺术形象,推动音乐的发展,从而形成音乐作品的独特色彩。和声进行对作品结构与作品风格有着很大的影响,和谐稳定的和声,使人感到平和、宁静,不和谐的和声则适合表现激动不安、痛苦压抑的情绪。

调式是人类在长期的音乐实践中创立的乐音组织结构形式,是将若干高低不同的乐音,围绕某一个音级,按一定音程关系进行组合的体系,是影响音乐风格的重要元素。在不同的历史时期、不同的民族和地域,形成各种不同的调式。各调式因音阶结构、音级关系、音律等差异而各具特色。

二、总结与归纳:音乐的审美特征

(一)情感性

芬兰作曲家让·西贝柳斯说过:"如果语言和音乐都能表达同一件事物,我当然会用语言来表达。音乐是自发的东西,并且内涵更加丰富。音乐始于语言可能性的终结之处,这就是我谱写乐曲的原因。"由此看出,音乐艺术具有情感性的特点。它通过各种表现手段的不同使用,可以表达出不同的音乐情绪,引起人们的共鸣,直击人的灵魂深处。音乐的情感性使人们在进行创作和欣赏时总是离不开强烈的情感体验,这恰恰也是音乐艺术的魅力所在。正因如此,我们可以感受到《十面埋伏》的激烈、《二泉映月》的忧伤、《平沙落雁》的静美、《汉宫秋月》的悲泣;

也可以感受到莫扎特作品的轻灵细腻、贝多芬作品的激情奔放、门德尔松作品的优美典雅、德彪西作品的朦胧伤感。

过程性指导	
探究方法	1. 小组讨论：探究音乐艺术具有哪些审美特征。 2. 上台展示：举例说明不同审美特征在音乐作品中的具体表现。
注意事项	欣赏音乐作品时，应尝试分析作品表现出的艺术特点。

（二）时间性

时间性是音乐艺术的一个重要审美特征，使得音乐艺术的各种表现手段能够在时间展开中表达情感，描绘场景，讲述故事。它不仅体现在音乐作品的创作中，也体现在音乐表演和音乐欣赏中。例如，欣赏贝多芬的《命运交响曲》时，随着音乐的展开，听众会被作品营造出的紧张气氛所吸引，从而不断产生情感上的波动，最终感受到作品传达出的永不向命运妥协的抗争精神。

（三）想象性

音乐艺术具有想象性的审美特征，在进行音乐创作、音乐表演或音乐欣赏时，只有借助联想与想象，将曲调与现实生活、自身情感相结合，才能形成鲜活的、符合作品艺术特色、包含自己所思所感的音乐形象。可以说，没有联想与想象，就没有音乐艺术。例如，欣赏《梁祝小提琴协奏曲》尾声部分时，通过联想与想象，我们仿佛可以看到梁山伯和祝英台羽化成了一对美丽的蝴蝶在天地间自由飞翔，不再被命运束缚。

美之漫谈

音乐艺术审美特征的著名论述

对于音乐艺术的审美特征，中外美学史上都曾有过精辟的论述。例如，汉代《毛诗序》中提到："情发于声，声成文谓之音"；傅聪曾说："音乐是不可捉摸的，是时间的艺术，在那一刻发生的感觉，才是音乐"；爱因斯坦曾说："想象力比知识更重要，正是音乐赋予我无边的想象力"。

三、沉浸式体验：音乐作品欣赏

（一）声乐作品欣赏

1. 中国民歌欣赏

《茉莉花》是一首流传于江浙一带的民歌，改编自南京六合民间传唱百年的《鲜花调》，先后在雅典奥运会闭幕式、北京奥运会开幕式亮相，在国际上具有极高的知名度，是中国音乐艺术的一张名片。

《茉莉花》以五声音阶为基础，采用中国传统的小调形式，旋律流畅，节奏委婉，体现了江南水乡的柔美和细腻，生动形象地将少女喜爱花却又不敢采的矛盾细腻心理展现得淋漓尽致。

全曲为循环往复的三段式，每段四句，结构整齐，衔接紧密。第一句"起"，开门见山点出歌唱主题"好一朵美丽的茉莉花"（见图4-10）；第二句"承"，情绪随旋律舒展开来，继续歌咏茉莉的芬芳；第三、四句"转"，旋律缓缓下行，表达了女孩摘花时欲摘不忍、欲弃不舍的心理变化。

2. 艺术歌曲欣赏

《教我如何不想她》诞生于20世纪20年代，歌词选自中国新文化运动先驱刘半农所作的同名诗歌，由中国现代音乐学先驱赵元任谱曲。歌曲将音乐与诗歌完美结合，深切表达了海外游子对祖国的思念之

图4-10　茉莉花

情，反映了进步青年摆脱封建束缚、追求个性解放的思想，是中国艺术歌曲中的经典作品。

《教我如何不想她》歌词清丽素雅，旋律柔和绵长，词曲相得益彰，传达出细腻真切的情感，极富意韵之美。歌曲分为四个乐段，通过春、夏、秋、冬四季的自然景色更迭，表达了对祖国、对故土、对亲人的深切思念。每段四句，体现了"起""承""转""合"的特点。"教我如何不想她"既是歌词的中心句，又是歌曲旋律的主题音调，在全曲中共出现四次，很好地突出了作品主题，凸显了民族风格。

作曲家采用复调、宣叙调等西方音乐表现技法，融入中国传统的五声调式和京剧曲调，实现了中西方音乐文化的融合，为我国艺术歌曲走向世界奠定了基础。

3. 通俗歌曲欣赏

《我和你》是2008年北京奥运会开幕式的主题曲，将奥林匹克精神与中国"以和为贵"的儒家思想结合起来，传递出中国对世界各国友好、真诚的邀请，也表现出中国对世界和平的不懈追求，完美诠释了"同一个世界，同一个梦想"的奥运主题。

与以往大多数奥运主题曲激情昂扬的风格不同，这首歌曲旋律舒展，节奏平和，曲调优美，意境悠远。歌曲为中国五声调式，采用了"起""承""转""合"的创作手法，

	过程性指导
探究方法	1. 小组讨论：如何声情并茂地表达歌曲内涵。 2. 组间比拼：各小组代表上台展示，进行组间比拼。
注意事项	演唱时，要将对作品的赏析感悟运用于歌唱中。

共分为四个乐句。第一、二乐句为两个变化重复的乐句，体现出"起""承"的平行关系，旋律以级进进行，平稳展开，表达了相会在北京的梦想；第三、四乐句由两个形成对比的乐句构成"转""合"的关系，第三乐句的六度跳进，与前两乐句形成强烈对比，把歌曲推向了高潮，第四乐句旋律回到平稳进行。在这里，音乐不仅传达了人类对和平与和谐的诉求，也留给人们更多的期待与回味。

（二）器乐作品欣赏

1. 独奏曲欣赏

《二泉映月》是中国民间音乐家华彦钧（艺名阿炳）创作的二胡独奏曲，表现了一位饱尝人间辛酸的失明艺人对生命的思考和感叹，是中国民族音乐宝库中享誉国内外的优秀作品。

《二泉映月》意境深邃，情真意切，感人至深。全曲由引子、六个主要段落和尾声组成。乐曲的引子以一个下行音阶式短句为开端，似一声凄楚的长叹，拉开了作品的序幕。引子之后，出现了两个主题，此后的段落围绕这两个主题进行了五次变奏，变奏随着旋律的发展时而深沉，时而激昂，时而悲壮，时而傲然，展现出作者的辛酸与痛苦、不平与怨愤，表达出作者内心的豁达及对生命的深刻体验。尾声由扬到抑，结束在不完全终止上，形成曲终情未尽的意蕴。

作曲家将所见所闻、所感所想化作一段段扣人心弦、催人泪下的旋律，把社会底层人物的艰辛和顽强不屈的性格表现得淋漓尽致，使作品具有深刻的社会现实意义和强烈的艺术感染力。

2. 协奏曲欣赏

《四季·春》是意大利作曲家维瓦尔第创作的小提琴协奏曲《四季》中的第一部，作曲家运用独特的创作技巧赞美了春天绚丽的自然风光，表达了对生活的无限热爱之情。

当旋律响起，新芽冲破土壤，一幅充满蓬勃生机的春天气息扑面而来。之后，旋律在进行的过程中变得柔和，力度的强弱对比营造出清新欢快的春天氛围。紧接着通过颤音的演奏方法模仿鸟类鸣唱的声音，展现出莺歌燕舞的靓丽春光。随着小提琴主奏的再次响起，画面一转，柔和的春风轻轻吹过，波光粼粼的小溪从面前流淌，远处密布的乌云越来越近，弦乐部的力度加强，小提琴主奏的节奏加快，表现出电闪雷鸣的效果。最后，雷声变小，乌云逐渐远去，众鸟欢鸣，再次奏起春天和谐的乐章。

3. 序曲欣赏

《春节序曲》是中国作曲家李焕之创作的管弦乐作品《春节组曲》中的第一乐章。作品取材于作者早年在延安过春节时的生活经历，生动展现了革命根据地人民载歌载舞、热闹欢腾的场面，富有浓郁的民族特色，深受广大人民群众喜爱，是我国春节联欢晚会的保留曲目。2007年《春节序曲》搭乘中国第一颗探月卫星嫦娥一号循环播出。

《春节序曲》以陕北民歌及秧歌为素材，采用中国五声调式进行创作，节奏欢快热烈，旋律明快婉转。乐曲为带引子的复三部曲式。引子部分为欢快的快板，由两个具有对比性质的音乐主题组成，以节奏的变化、力度的对比、旋律的起伏奠定了全曲欢快的基调。第一部分出现了两个互补主题：第一主题带有纯朴、优美、抒情的舞蹈性，第二主题融合了民间锣鼓点的特征，两个主题在发展的过程中经过了加花变奏，使旋律的表达更加饱满。第二部分为抒情的中板，是全曲的转折部分，将陕北民歌《新春秧歌闹起来》的旋律融入其中，速度徐缓，节奏舒展，表现了人们在节日中相互祝福和问候的场面，抒发了人们对幸福生活的美好憧憬。第三部分将引子和第一部分的主题进行重复和变化重复，再现了锣鼓喧天、鞭炮齐鸣的热闹场面，将乐曲逐步推向最高潮，节日的欢腾景象和人们的喜庆心情被表现得淋漓尽致。

任务二　观赏婆娑舞姿——舞蹈之美

一、理解并掌握：舞蹈的基础知识

舞蹈是一种以身体动作为主要表现手段的艺术形式，通过精准而富有美感的肢体语言，结合表情、节奏、构图等表现手段，塑造出栩栩如生、情感丰富的艺术形象。

（一）舞蹈的发展概况

我国舞蹈发展历史久远，早期的原始舞蹈与生产劳动息息相关。人们在劳动中，用手拍打，用脚踩踏，在不断重复的过程中，逐渐形成了富有韵律的节奏，再伴随呼喊劳动号子，敲击石块、木棍等活动，便产生了原始舞蹈。这时的舞蹈通常是为了庆祝丰收、祭祀、战争胜利而举行，多为即兴表演，形式和内容也比较简单。

1. 先秦时期

随着社会的发展和民间诗歌的兴起，"诗、乐、舞"三位一体艺术形态基本形成。史诗性的乐舞《云门大卷》《大章》《大韶》《大夏》

过程性指导	
探究方法	1. 小组合作：各小组选择一种劳动场景，模仿劳动动作，编排简单的舞蹈。 2. 班内展示：各小组在班内表演本组的舞蹈。
注意事项	劳动场景及舞蹈动作的选择和创编无须复杂，体现舞蹈特质即可。

项目四　节奏与韵律的交相辉映——表情艺术

《大濩》《大武》出现，合称"六代舞"。此时，先秦思想家将目光投向乐舞，其"舞以明诗"的特征较完美地实现了舞蹈艺术"娱乐"与"教化"的双重功能，产生了深远的影响。

2. 秦汉时期

秦代将春秋战国以来的各国乐舞文化及其他表演艺术汇集起来，为汉代舞蹈的繁荣奠定了良好的基础。设置"奉常""太乐"掌管礼乐，通过礼仪乐舞祭祀帝王和山川。

汉代，舞蹈为宫廷宴会助兴所用，完成了从原始乐舞向宫廷乐舞的进化。少数民族音乐及外国音乐的融入，促进了乐舞的交流与发展。集杂技、武术、音乐、滑稽表演等多种技艺为一体的"百戏"盛行。设置了"太常""乐府"等乐舞机构，诞生了我国第一部舞蹈美学著作——《舞赋》。

我国第一部舞蹈美学著作——《舞赋》

《舞赋》是汉代文学家傅毅的一篇赋作。其内容不仅形象描写了古代舞蹈的姿态、造型、节奏和神韵，还描绘出了舞蹈表演的完整场面、表演前后的各种情景，是研究中国舞蹈史的宝贵资料。

3. 魏晋南北朝时期

魏晋南北朝时期经济中心南移，民族文化得到了有效交流与融合。北方的代表舞为"杂舞"，南方的代表舞为"白纻舞"，这两种舞蹈都属于清商乐，动作以轻盈为美，情绪多传达"悲哀"之情。这一时期的舞蹈抒志言情，飘逸闲雅，多以目传情、以轻见长、以妙取胜。

4. 唐宋时期

唐代是中国舞蹈的巅峰时期，创编了"健舞""软舞"等表演性舞蹈，并发明了"舞谱"。此外，唐代还流行"歌舞大曲"和"歌舞戏"，其宏大的演出规模、丰富多变的表演形式以及雅俗共赏的特性，深受世人喜爱，其中，《霓裳羽衣舞》作为"歌舞大曲"的杰出代表广为流传。

宋代，民间舞蹈盛行。每逢春节、元宵节等传统节日，民众常以歌舞的形式庆祝。在一些重大节日，具有程式性特征的队舞往往与器乐曲、歌唱、杂剧穿插表演，情节性、戏曲性增强，为后期戏曲形式奠定了深厚的基础。著名的队舞有柘枝队舞、剑器队舞、菩萨蛮队舞等。

5. 元明清时期

元代，宫廷乐舞在继承宋代宫廷乐舞传统的基础上，呈现出蒙、汉等多民族风格交融的景象。元代队舞民族色彩浓厚，包括乐音王队、寿星队、礼乐队、说法队四个队，主要用于节日场合，最为著名的宫廷乐舞是《十六天魔舞》。

明清时期，舞蹈作为独立的表演艺术，有逐渐衰落的趋势，但民间歌舞却呈现繁荣的局面，表演者多为民间艺人。此时，舞蹈融入戏曲艺术之中，戏曲舞蹈得以高度发展。戏曲舞蹈是一种不同于单纯舞蹈表演的新的舞蹈样式，具有高度程式化和综合性的美学特征。

6. 近现代时期

从明清至当代，中国舞蹈艺术蓬勃发展，先后涌现出一批杰出的舞蹈家，如黎锦晖、戴爱莲等，他们的经典舞蹈作品广受喜爱。20世纪50年代后，我国先后引进了西方芭蕾舞蹈和现代舞蹈。1950年9月，我国首部自主创作的芭蕾舞剧《和平鸽》成功上演，随后，《红色娘子军》《白毛女》以及《草原女民兵》等以革命斗争为题材的作品相继问世。改革开放后，随着经济的发展和社会的进步，中国舞蹈艺术展现出勃勃生机，不同题材和形式的舞蹈创作呈现出空前繁荣的局面，《红绸舞》《荷花舞》《黄河》等都是这一时期的杰出代表，深受观众喜爱。

（二）舞蹈的分类

根据舞蹈的作用和目的，舞蹈可分为生活舞蹈和艺术舞蹈。生活舞蹈是指与生活紧密相关、满足人们日常需求的舞蹈形式，如庆祝、社交、娱乐、健身等，通常较为简单、随意，易于学习和参与，主要包括习俗舞蹈、宗教祭祀舞蹈、社交舞蹈、体育舞蹈等。艺术舞蹈更加注重舞蹈的审美价值和表演性质，需要舞者具有高超的表演技巧和能力，要有对社会生活的艺术加工与创作，对音乐、舞台设计的理解和运用，主要包括古典舞蹈、民间舞蹈、芭蕾舞蹈和现代舞蹈。

过程性指导	
探究方法	1. 图片分享：组内分享课前搜集的舞蹈之美的图片。 2. 小组讨论：讨论图片中各类舞蹈的特点并进行分类。 3. 上台展示：小组代表上台展示讨论成果。
注意事项	进行分类时，细致观察各类舞蹈的特点。

1. 古典舞蹈

古典舞蹈是在民族传统舞蹈的基础上，由舞蹈艺术家提炼整理、加工创造，历经长期艺术实践检验流传下来的具有典范意义的优秀舞蹈形式。

我国古典舞蹈大致由两类构成：一类是在古典戏曲的基础上发展而来，如《宝莲灯》《小刀会》等；一类是对古代壁画模仿提炼、

多姿多彩的舞蹈

加工创作而来，如《丝路花雨》《飞天》等。主要分为四大流派：身韵派由李正一、唐满城创立，利用身体的拧、倾、圆、曲的动态，塑造出欲左先右、形神兼备之美，如《扇舞丹青》；敦煌派由高金容创立，舞姿造型取自敦煌莫高窟的壁画造像，舞蹈形态为“S”形三道弯式，表现出曲而不弯、柔而不媚之美，如《千手观音》；汉唐派由孙颖创立，舞姿语汇根据汉画像砖石以及文字史料提炼而来，具有洒脱飘逸之美，如《踏歌》；昆舞派由马家钦创立，以五指莲花式手势为其独有手型，舞姿具有婉转灵巧之美，如《春》。

2. 民间舞蹈

民间舞蹈是人民群众在长期历史进程中集体创造、不断积累发展并广泛流传的一种舞蹈形式。舞蹈风格稳定，动作比较简单，规范性较弱，可变性较强，舞者可以在一定的节奏韵律下即兴发挥。

民间舞蹈反映各个民族的社会生活、风土人情和文化传统，展现他们的内心世界，抒发他们的思想感情。不同地区、不同民族的民间舞蹈节奏、形态、风格不尽相同，如蒙古族舞蹈豪迈洒脱，维吾尔族舞蹈幽默风趣，傣族舞蹈婀娜多姿，朝鲜族舞蹈飘逸优美。

3. 芭蕾舞蹈

芭蕾舞蹈是欧洲的一种古典舞蹈，是西方审美在舞蹈艺术中的体现。动作要求非常严格，舞者要具备出色的身体素质和平衡感，需要通过长期的学习和反复的训练来掌握芭蕾舞的“开、绷、直、立”四个要素。

芭蕾舞蹈的服装也是其表演的一部分。舞者通常穿着紧身衣和舞裙，这些服装能够突出舞者的身材线条和舞蹈动作的优美。同时，舞者还需要穿着特制的舞鞋——足尖鞋（见图 4-11），以便提高平衡感和稳定性，在舞台上更加优雅地表演。

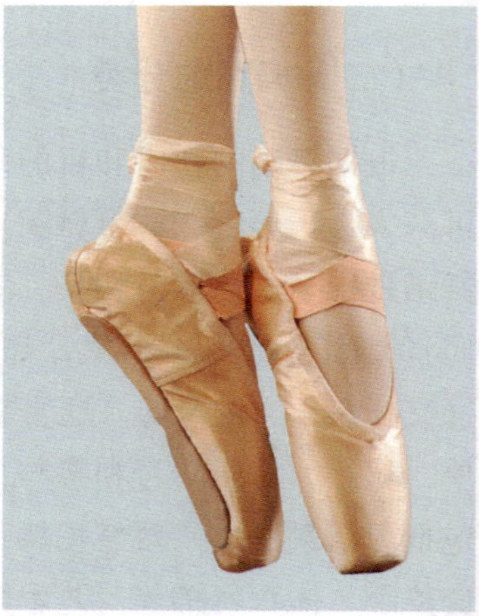

图 4-11　足尖鞋

4. 现代舞蹈

现代舞蹈是一种充满活力和创造力的艺术形式，19 世纪末 20 世纪初起源于欧美，并逐渐在全球范围内传播开来。它打破了传统的舞蹈规则和限制，让舞者能够自由地表达自己的情感和思想，展现出独特的个性和风格。

现代舞蹈的多元化和包容性使它可以容纳不同的文化和风格，从古典到现代，从东方到西方，现代舞蹈的舞者们吸收各种不同的元素，创作出独特的舞蹈作品，给观众带来不同的艺术体验。随着社会的发展，现代舞蹈也在不断地演变和创新，例如，投影、音效、灯光等技术的科技化为舞者提供了更多的表现手段和空间。

活页拓展笔记
——美的新知新感悟

通过学习和体验，请将你不同学习阶段的新感悟或搜集到的新知识随时记录下来吧！
可结合专业特点和未来职业发展需求记录，并实时更新哦！

美之漫谈

芭蕾舞之"开、绷、直、立"

"开、绷、直、立"是芭蕾舞的四个基本要素。"开"指舞者不论男女,都必须将肩、胸、胯、膝、踝五大部位向人体两侧打开,特别是两脚应展开成一条直线,展现人体舒展的线条美;"绷"指舞者应将身体各部位,尤其是踝部和脚背收紧绷直,强化舞者腿部的线条美;"直"指舞者应将膝盖收紧,后背垂直,体现舞者身形的舒展美;"立"指舞者的脖颈、头向上延伸,而腿部和脚向下延伸,突出舞者身姿的挺拔美。

"开、绷、直、立"的舞姿形态不仅彰显了舞者身体的优美曲线和优雅气质,更在舞蹈表演中营造出一种严谨稳重的氛围,通过精确的动作和优美的造型,将芭蕾舞对称和谐、典雅高贵的独特魅力展现得淋漓尽致。

(三)舞蹈的表现手段

舞蹈的表现手段包括舞蹈动作、舞蹈造型、舞蹈表情和舞蹈构图等。

1. 舞蹈动作

舞蹈动作是舞蹈艺术的基本要素,是对一般性动作或者非动作性物态进行提炼美化的人体动作,通过造型、节奏、动律等提升舞蹈的艺术表现力。

舞蹈动作包括具象性动作和抽象性动作。具象性动作通过对真实生活中的具体动作进行美化、变形和夸张来传达情感和情境,如舞蹈中的击鼓、抚摸等动作都源自生活,但这些经过艺术加工的动作增强了表演的艺术效果和观赏价值。抽象性动作是为了满足抒发情感和表达情绪的需要,将人类的情感加以抽象化,如表达欢快情绪时的快速旋转,传达喜悦心情时的挥动红绸等。同时,抽象性动作还可以提高舞者的表演效果和观赏性,如舞蹈技术技巧的翻滚动作,舞者可以通过身体的柔软度和控制力表现出一种柔美和力量相结合的美感。此外,在横飞燕(见图4-12)和摆腿跳(见图4-13)中,舞者可以通过高难度的动作表现出一种自由和灵动的感觉。

图 4-12 横飞燕

图 4-13 摆腿跳

2. 舞蹈造型

舞蹈造型是舞蹈艺术的一种表现手段，包括静态舞蹈造型、动态舞蹈造型和技巧性舞蹈造型。孔雀屏开、花开等属于静态舞蹈造型；云手、阿细跳月步等属于动态舞蹈造型；摆莲、旋子等属于技巧性舞蹈造型。

舞蹈造型具有多种表现形式。其中，单人造型是一个舞者通过控制自己的身体创造出具有美感的舞蹈造型。此外，还有双人造型和多人造型等表现形式，这些形式通过舞者之间的互动和配合，创造出更为丰富、多元的舞蹈效果，具有更为宏大的规模和丰富的表现力。

舞蹈造型通过舞者的身体语言，创造出具有视觉冲击力的美学效果，塑造了深入人心的舞蹈形象，表达出深刻的思想情感和文化内涵。如《金山战鼓》中，梁红玉的出场运用了点步翻身、转身亮相的造型，展示了她英武威严的巾帼英雄气概，体现了她在战斗中的坚定决心和无畏精神。

3. 舞蹈表情

舞蹈表情是舞蹈传情达意的重要方式，不仅指舞者的面部表情，还包括身体多部位的协调配合，往往通过有节奏的动作、姿态和造型抒发舞蹈情感，对于表现人物的心理活动及情绪变化具有重要作用。如汉族舞蹈将眼神分为喜眼、嗔眼、怨眼、爱眼、怒眼、哀眼等，

	过程性指导
探究方法	1.查找资料：搜索关于眼神训练的相关视频。 2.组内练习：在小组内依照视频的讲解要点进行反复练习。 3.上台展示：小组代表上台展示并谈体会。
注意事项	根据视频要点，精准练习。

通过特定的训练方法训练舞者，使其在舞蹈表演中可以运用眼神表露心理状态。

4. 舞蹈构图

舞蹈构图是指在特定空间与时间内的舞蹈结构，包括静态的舞蹈画面造型和动态的舞蹈空间运动线。

静态的舞蹈画面造型一般包含方形、三角形、圆弧形、菱形、梯形等。方形具有稳定感，三角形具有力量感，圆弧形具有柔和感，菱形与梯形具有开阔感。

动态的舞蹈空间运动线指舞蹈过程中不断变化的运动轨迹，可以分为斜线、竖线、横线、圆线和曲折线五种类型。斜线适合表现积极乐观、勇往直前的情感，如舞蹈史诗《东方红》的《过雪山草地》中，多处运用了斜线，成功表现了红军爬雪山过草地时不畏艰难的革命意志。竖线适合表现正面前进，如芭蕾舞剧《红色娘子军》结尾，三排战士和群众径直走向观众的画面，展现了不可阻挡的磅礴气势。横线通常表现平静舒缓的情绪，如《草原女民兵》开场和结尾就运用了这种空间运动线来传达宁静平和的情绪。圆线给人流畅匀称和绵延不断的感觉，如《荷花舞》中大量使用这种空间运动线以展现典雅飘逸的美感。曲折线则给人以活泼跳荡的感

觉,如《碇步桥》中,舞者踏石而行,从碇步桥上款款而来,婷婷袅袅过桥而去,就运用了这种空间运动线,表现了江南女子的活泼灵动、轻盈飘逸。

二、总结与归纳:舞蹈的审美特征

(一)动作性

舞蹈动作是对生活中的动作进行艺术加工,或者对人们熟悉的事物形态进行模仿、再创造,而形成的具有审美性和技巧性的人体动作。这些动作源于生活又高于生活,举手投足间尽显美感,能很好地诠释舞蹈的主题,展现生命的活力。如旋转时,舞者以轻灵的动作配以欢快的节奏,使观众沉浸在愉悦的氛围,从而感受生命的美好。

品味舞蹈语言,感悟生命美好

生命,这个世界上最宝贵的东西,充满了神奇与奥秘。它以各种形态存在,不断生长、变化,犹如一支优美的舞蹈,需要我们细心呵护,用心关爱。而舞蹈艺术,通过其独特的语言——跳跃、旋转、翻腾等舞蹈动作,向我们展示了生命的无限活力。每一次舞动的身体,每一次旋转的步伐,都是对生命的赞美和歌颂,它让我们在欣赏舞蹈演员动作之美的同时,感受生命的美好和人生的快乐,更好地理解生命的意义和价值。

(二)造型性

舞蹈的造型性不仅指舞者呈现出的匀称健美、婀娜多姿的形体造型,还体现在一个个造型在连续流动状态下塑造出的动态美感和生动形象。如《雀之灵》,就以修长而又具有柔韧性的臂膀姿态以及灵活多变的手指造型阐明了生命源于自然的人生感悟。

(三)节奏性

动作与节奏相互依存,密不可分,而舞蹈作为动作的艺术,一定离不开节奏。舞蹈动作的节奏体现在力度的强弱、速度的增减和幅度的大小等方面。即使是相同的动作,使用的节奏不同,传达出的情感也不尽相同。如《天鹅湖》第一幕欢快的节奏中,王子和朋友们的跳跃表现了他们的快乐和活力。第二幕舒缓的节奏中,白天鹅和伙伴们的跳跃则表现了她们的轻盈和优雅。

（四）抒情性

人类用来抒情的语言有口头语言和形体语言两种，而舞蹈就是利用形体语言抒情的一种艺术形式。对于舞蹈表演而言，舞者的每一个动作都抒发着独特的情感，能够引导观众进入创作者的情感世界，增强舞蹈的感染力，带给观众极具美感的审美体验。如舞蹈史诗《黄河》，用舞蹈化的秧歌舞步表现百姓当家做主的欢乐情绪和奋发向上的精神风貌。

（五）综合性

作为一种表演艺术，舞蹈极具综合性。它涵盖音乐、文学、戏剧、美术等多门艺术，融合视觉、听觉、触觉、情感等多种元素，创造出极富魅力的深厚意境。如舞剧《孔子》将诗书乐舞有机融合，绘画、雕塑联袂展现。舞剧中饱含中国典籍的文字书简、极具象征意味的长袖佩剑、比德之玉、无弦之琴、杏坛之花，都无不体现着舞蹈综合性的魅力。

三、沉浸式体验：舞蹈作品欣赏

（一）古典舞蹈欣赏

《千手观音》是由舞蹈编导家张继刚创作的中国古典舞作品，被评为"中国国宝级人类文化遗产"。2005年，21位聋哑舞蹈演员将其带到春晚的舞台，打动了亿万观众的心。

这部作品的灵感来源于敦煌莫高窟的壁画《千手千眼观音》，它以独特的舞姿和深邃的内涵，将静态的壁画形象转化为动态的舞蹈表演，彰显了中华优秀传统文化的魅力，展现了人类对美好生活的追求和向往。

《千手观音》巧妙融合了中国古典舞和汉唐乐舞的元素，通过再创作，将舞蹈动作与音乐完美结合，达到乐舞和谐的审美效果。舞蹈注重多方位、小角度的变化，打破了传统动作的连接逻辑，使得《千手观音》在舞蹈结构方面独树一帜。舞者以高超的肢体语言和独特的表演风格，将作品演绎得淋漓尽致。华丽的舞衣、优美的身段、婀娜的体态展现出无声世界的韵律与美感，展示了中国古典舞的独特魅力。

（二）民间舞蹈欣赏

《阿诗玛》由赵惠和、周培武、陶春、苏天祥创编，首演于1992年，曾获第三届文华大奖、"五个一工程"奖。舞剧取材于彝族的民间传说，讲述了彝族姑娘阿诗玛与阿黑、阿支之间的情感纠葛，以极尽纯粹的舞蹈语言，细致地塑造了阿诗玛勤劳善良、敢于与强权抗争的丰满形象。

《阿诗玛》将流行于云、贵、川地区的主要彝族民间舞和富有彝族特色的民族音乐融入舞剧，通过展现"抢包""赛装""火把节""抢婚"等习俗，突出了彝族舞蹈的文化背景。作品以色块来组织结构，黑色代表诞生，绿色代表成长，红色代表爱情，灰色代表愁思，金色代表牢笼，蓝色代表恶浪，将主人公的心理描写与剧情发展巧妙结合，通过对美的不同追求展开戏剧冲突，突破了黑白善恶的脸谱化人物塑造，实现了民族舞剧的创新表达，传达出真、善、美的价值追求，表现出彝族人民勤劳善良、追求自由、敢于反抗、忠于爱情的美好品质。

（三）芭蕾舞蹈欣赏

《红色娘子军》是由同名电影改编而成的革命现代芭蕾舞剧，是中国芭蕾舞史上的一座光辉里程碑。作品讲述了丫鬟琼花从恶霸府中逃出后成长为革命战士的故事，于1964年由中国国家芭蕾舞团首演。

《红色娘子军》以中国革命历史为创作背景，将西方芭蕾技巧与中国民族舞蹈表现手法巧妙融合，完美体现了中西文化交融的艺术魅力。舞蹈以跌宕起伏的故事情节塑造了英姿飒爽、坚韧勇敢的女兵形象，体现出思想性与艺术性的高度统一。此外，舞蹈中特色鲜明的音乐，如《娘子军连歌》《万泉河水清又清》等，深入人心，广为传唱，成为中国革命音乐的经典之作。

（四）现代舞蹈欣赏

《红梅赞》是由中国人民解放军空军政治部歌舞团于2001年创作的大型现代舞剧，取材于小说《红岩》。作品再现了江姐等革命英烈群像，曾荣获第十届文华大奖、"五个一工程"奖。

舞剧打破传统的叙事结构，巧妙融入芭蕾形态，以现代舞语汇别样呈现。作品中现代舞编创技法的运用，使中国革命故事更加深入人心。舞剧以典型的肢体语言塑造人物形象，其中，舞者翻滚攀爬的肢体动作展现了江姐受刑时不屈不挠的革命意志，针针线线绣红旗的肢体动作绣出了无产阶级革命家对新中国的美好祝福。舞蹈通过节奏和动作的变幻，将故事情节与人物情感紧密结合在一起，有力地表现了以江姐为代表的革命英雄人物的坚定信仰，弘扬了伟大的爱国主义精神。

课后创造升华——悟美之道

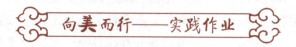

项目实践活动

🐚 **活动描述**

以"经典永流传"为活动主题,选择经典的音乐或舞蹈作品,编排3~5分钟的艺术节目,要求内容积极,形式多样。

🐚 **任务实施**

1. 学生自由分组,5~8人为一组,并填写实践活动记录表(见表4-2)。
2. 各小组在课堂演示,指导教师对演示情况进行评分。

表4-2 实践活动记录表

专业:_____ 班级:_____ 小组:_____ 指导教师:_____

活动安排情况		活动完成情况		活动评价情况			
小组成员	活动分工	活动项目	活动内容	评价项目	评价内容	分值	得分
		节目名称		知识、技能评价(70%)	紧扣主题,立意鲜明,积极健康	15	
		创意来源			内容丰富,富有创意,触动人心	15	
					表演精彩,富有感染力	25	
		内容概况			音乐、服饰、道具等选用得当,能够渲染主题,升华内容	15	
		服饰道具		素养评价(30%)	具备较强的创新能力和实践能力	10	
					具有良好的团队精神和团队协作能力	10	
		排练情况			弘扬社会主义核心价值观,具有正确的审美观和健康的审美情趣	10	
				评价和建议		活动总分	

知美达美——理论作业

项目学习效果检测

基础型练习

一、填空题

1. 世界上最早的乐器分类方法为（　　）。
2. 早期的原始舞蹈与（　　）息息相关。

二、选择题

1. 人声的分类不包括（　　）。
A. 童声　　　　B. 老声　　　　C. 男声　　　　D. 女声
2. 下面（　　）属于唐代的"歌舞大曲"。
A.《剑器队舞》　B.《霓裳羽衣舞》　C.《荷花舞》　D.《飞天》

三、简答题

1. 简述声乐的演唱形式。
2. 简述"生活舞蹈"和"艺术舞蹈"的概念。

拓展型练习

一、填空题

1. 音乐艺术的审美特征有（　　）、时间性、想象性。
2. 古典舞蹈是在（　　）的基础上，由舞蹈艺术家提炼整理、加工创造，历经长期艺术实践检验流传下来的具有典范意义的优秀舞蹈形式。

二、选择题

1.《二泉映月》是（　　）独奏曲。
A. 笛子　　　　B. 唢呐　　　　C. 二胡　　　　D 古筝
2. 下面属于汉代乐舞机构的是（　　）。
A. 梨园　　　　B. 乐府　　　　C. 国子监　　　　D. 庠序

三、判断题

1. 协奏曲是一种由独奏乐器与管弦乐队协同演奏，呈现对比和谐关系的大型器乐作品。（　　）

项目四　节奏与韵律的交相辉映——表情艺术

2.《舞赋》是东晋文学家傅毅的一篇赋作,也是第一篇美学著作。(　　)

四、简答题

1. 根据所学知识,赏析一首家乡民歌。
2. 分析舞蹈《千手观音》的艺术特色。

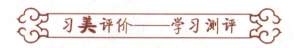

项目学习评价标准

请根据项目学习评价表(见表4-3)完成多元化评价。

表4-3　项目学习评价标准表

学习目标	项目子任务	考核内容	评价等级 A	评价等级 B	评价等级 C	得分
知识目标和能力目标达成度	了解表情艺术的基础知识	能够阐述音乐艺术、舞蹈艺术的发展概况	5	4	3	
		能够举例说明音乐艺术、舞蹈艺术的分类	5	4	3	
		能够阐述音乐艺术、舞蹈艺术的表现手段	15	12	9	
	掌握表情艺术的审美特征	能够通过分析音乐和舞蹈语言,归纳作品的艺术特征	15	12	9	
		能够通过赏析音乐和舞蹈作品,探究作品的思想内涵	10	8	6	
		能够紧扣表情艺术的审美特征,运用音乐语言及肢体语言表达自己的情感和生活体验	10	8	6	
素养目标达成度	提升艺术修养,传承中华优秀传统文化,增强民族自信心和自豪感	增强审美情趣,提升艺术修养,丰富情感体验,陶冶高尚情操	20	16	12	
		根植"以人民为中心"理念,树立正确艺术观,传承中华优秀传统文化,厚植爱国主义情怀,增强民族自信心和自豪感	20	16	12	
教师评语		总分（定量评价）				
专家点评		评定结果（定性评价）	□优秀 □合格	□良好 □不合格		

备注:
1. 本项目学习内容可结合学习目标,采用教师评价、学生自评、学生互评、专家点评等方式进行多元化评价。
2. 90~100分为优秀;70~89分为良好;60~69分为合格;60分以下为不合格。

项目五
文学与表演的相得益彰
——综合艺术

项目引言

　　综合艺术集百家之长，是戏曲艺术、影视艺术等多种艺术的总称。它将时间艺术与空间艺术、视觉艺术与听觉艺术、再现艺术与表现艺术、造型艺术与表演艺术融合在一起，具有强烈的艺术感染力。观赏综合艺术作品，可以走进色彩斑斓的艺术世界，享受无与伦比的视听盛宴，领略精湛技艺的无穷魅力。

【学习目标】

🍂 知识目标

1. 了解戏曲艺术、影视艺术的发展概况、分类及表现手段。
2. 掌握戏曲艺术、影视艺术的审美特征。

🍂 能力目标

1. 能够通过分析戏曲艺术和影视艺术语言，归纳作品的艺术特征。
2. 能够通过赏析戏曲艺术和影视艺术作品，探究作品的思想内涵。
3. 能够表达戏曲艺术和影视艺术的欣赏感受，丰富情感和生活体验。

🍂 素养目标

1. 丰富艺术体验，开阔艺术视野，培养审美情趣，提升艺术品位。
2. 感受戏曲艺术的民族智慧和独特魅力，传承中华优秀传统文化，增强民族自信心和自豪感。
3. 理解影视艺术的文化多样性，感受其在科技影响下带来的全新审美体验，传播富有正能量的文化价值观。

【思维导图】

【任务清单】

完成一项学习任务后，请在表 5-1 对应处打钩。

表 5-1　任务完成情况记录表

任务阶段	任务名称	任务分解	完成情况	心得记录
课前准备	寻美之迹	准备学习用品，搜集戏曲之美、影视之美的资料		
		预习课本知识，形成对戏曲之美、影视之美的初步印象		
课中探究	品美之韵	了解戏曲艺术、影视艺术的发展概况及分类		
		掌握戏曲艺术、影视艺术的表现手段，深入探究欣赏戏曲之美、影视之美的方法		
		通过赏析《游园惊梦》《女驸马》等戏曲作品，了解作品背后的戏曲文化和思想内涵，感悟人类对爱情的美好追求，体悟中国古典美学精神；		
		通过赏析《肖申克的救赎》《山海情》《典籍里的中国》等影视作品，感悟追求正义、拥抱希望的坚定信念，树立不屈不挠的奋斗精神，体悟中华优秀传统文化的精神和风骨		
课后实践	悟美之道	与同学积极配合，参与课后"美好的一天"或"家乡的戏曲"实践活动，提高艺术表现能力、团队协作能力和剪辑编创能力		
		运用所学知识感受综合艺术的多样性和独特魅力，传播富有正能量的文化价值观，增强民族自信心和自豪感		

> **课前自主探究 —— 寻美之迹**

中国共产党成立100周年之际,《觉醒年代》作为优秀献礼剧目在央视首播。这部剧以影视艺术的方式对话历史,还历史以生命和灵魂。100年前那段激情澎湃的岁月跃然眼前,民族觉醒的历史思考、大义凛然的革命气节、自强不息的民族精神,引人沉思,令人觉醒。

剧中有李大钊先生与贫苦人民同唱河北乐亭大鼓的向往与期盼,陈独秀先生在解决《新青年》资金障碍后喜唱黄梅戏《打猪草》的意气风发,蔡元培先生在辫子军倒台后哼唱绍剧《汉津口》的喜悦与欣慰……这些戏曲片段在提高剧作观赏性的同时,更推动了剧情的发展,全景式展现了20世纪初中国革命志士上下求索、追求真理的觉醒岁月。

影视艺术、戏曲艺术作为综合艺术的组成部分,包罗万象,尽显人生百态,是生活的缩影、人生的底色。让我们一起探寻艺术的无限可能,感受综合艺术的文化底蕴和独特风采!

> **课中任务合作 —— 品美之韵**

任务一 领略梨园风情——戏曲之美

一、理解并掌握:戏曲的基础知识

戏曲是中国传统的戏剧形式,融合了文学、音乐、舞蹈、美术、杂技等多种艺术门类,是中华优秀传统文化中的璀璨明珠,具有浓郁的民族风格和地域特色,展现了中华民族深厚的文化底蕴和非凡的艺术创造力。

(一)戏曲的发展概况

1. 萌芽期

戏曲的起源最早可追溯到原始歌舞,如傩舞、社火、祭祀等。我国《诗经》中的"颂"和《楚辞》中的"九歌",均属于先人歌舞时的唱词。从春秋战国到汉代,歌舞逐渐从"娱神"向"娱人"转变。汉代,随着歌舞的出现和演变,以及西域杂技等表演艺术的传入,艺术表演形式汇聚,促成了百戏的产生。魏晋

扫一扫

中华优秀传统文化的瑰宝——戏曲

时期，歌舞开始演变成具有故事情节的表演，张衡的《西京赋》中就有关于角抵戏《东海黄公》的描述，"东海黄公，赤刀粤祝。冀厌白虎，卒不能救"，说明此时歌舞已经有了简单的故事情节，具备了戏曲的雏形。

"优孟衣冠"的故事

"优孟衣冠"出自《史记·滑稽列传》，讲述了楚相孙叔敖死后，儿子生活贫困，优孟穿戴了孙叔敖的衣冠劝谏楚庄王并帮孙叔敖的儿子摆脱困境的故事。

湖北省京剧院于2022年根据"优孟衣冠"的故事创作了新编京剧《优孟》，该剧将京剧传统唱腔与地方音乐元素有机融合，人物刻画细致入微，行当表演诙谐幽默，生动演绎了一个历史小人物的大智慧、大情怀、大担当。

2. 形成期

唐代是戏曲的形成期，出现了以问答方式表演的"参军戏"和扮演生活小故事的歌舞"踏摇娘"等。这一时期还没有真正意义上的戏曲，但唐代文学艺术的繁荣给予戏曲艺术丰富的营养，音乐舞蹈的兴盛为戏曲提供了雄厚的表演基础。教坊、梨园的专业性研究、正规化训练提高了艺人的艺术水平，使歌舞戏剧化历程加快，产生了一批以歌舞演故事的戏曲剧目。

3. 发展期

宋金时期是中国戏曲形成发展的关键时期。随着北宋经济的空前繁荣和文学的高度发展，出现了专门的演出场所"勾栏瓦舍"和创作机构"书会"。宋代的"杂剧"、金代的"院本"和讲唱形式的"诸宫调"，从乐曲、结构到内容，都为元代杂剧打下了基础。北宋以后，杂剧一部分随南宋南迁，一部分为金所继承。金继承的宋杂剧也称"院本"，除所用曲调不同之外，与宋杂剧没有本质区别。随南宋南迁与南方曲调结合发展而成的"南戏"，以表演故事为主，结构可随故事变化。《张协状元》是唯一完整保留下来的南宋戏文。

4. 成熟期

元代是戏曲的成熟时期，杂剧不断发展，成为一种新型的戏剧形式。它具备了戏剧的基本特点，标志着中国戏剧进入成熟阶段。这一时期，逐渐产生了职业性和商业性的演出团体及反映市民生活和观点的元杂剧和金院本，如关汉卿的《窦娥冤》、马致远的《汉宫秋》、王实甫的《西厢记》、纪君祥的《赵氏孤儿》等。元杂剧的剧本体制绝大多数是"四折一楔子"。"四折"指剧本开端、发展、高潮、结尾四个段落，"楔子"篇幅短小，通常放在第一折之前，类似于现在舞台演出的"序幕"。

5. 繁荣期

明代的"传奇",其前身是宋元时期的南戏,经过文人的加工,将不够严整的短小戏曲变成相对完整的长篇剧作。明末清初,地方戏逐渐形成,主要有北方梆子和南方的皮黄。清代,京剧在地方戏高度繁荣的基础上产生。同治、光绪年间,出现了名列"同光十三绝"的第一代京剧表演艺术家及不同流派的宗师,标志着京剧艺术的成熟与兴盛。明清传奇在形式上承继南戏体制且更加完备,包括众多的地方声腔,其中流传最广、影响最深远的是"昆山腔"和"弋阳腔"。这一时期,传奇作家和剧本大量涌现,代表作有明代汤显祖的《牡丹亭》,清代孔尚任的《桃花扇》、洪昇的《长生殿》等。

6. 革新期

辛亥革命到中华人民共和国成立,一大批戏曲艺术家开始进行戏曲艺术改良,形成了融编、导、舞、音、美为一体的综合艺术机制,为后续戏曲的发展积累了宝贵经验。当时,著名的艺术家有汪笑侬、夏月珊、潘月樵等,梅兰芳演出了《邓粗姑》《一缕麻》等宣传民主思想的时装新戏,程砚秋、尚小云、荀慧生、马连良等创立了各自的京剧表演流派,袁雪芬发起越剧改革,对越剧的唱腔、表演等产生了重要影响。

7. 争辉期

中华人民共和国成立后,在"百花齐放,推陈出新"方针的指引下,戏曲表演与文学、音乐、舞台美术等高度融合,日趋细密严整,涌现出一批批优秀剧目,如昆曲《十五贯》、京剧《将相和》《白蛇传》《红灯记》、评剧《秦香莲》《刘巧儿》、越剧《梁山伯与祝英台》、蒲剧《窦娥冤》《麟骨床》、秦腔《火焰驹》《三滴血》、沪剧《芦荡火种》、豫剧《朝阳沟》等。戏曲艺术发展到今天,经过一代代艺术家的传承发展、创新改革,创作了一大批新编历史剧和现代戏,如京剧《曹操与杨修》、豫剧《程婴救孤》、蒲剧《土炕上的女人》(见图5-1)、川剧《金子》、秦腔《西京故事》等。

图 5-1 蒲剧《土炕上的女人》

（二）戏曲的分类

戏曲是中国的本土艺术，也是中国文化的重要载体，凝聚着中华优秀传统文化和中华美学精神，经过代代相传，不断推陈出新，形成了300多个戏曲剧种和数以万计的剧目，呈现着旺盛的生命力和不衰的艺术感染力，百花齐放，历久弥新。

1. 昆曲

昆曲，最早叫昆腔、昆山腔，现在也叫昆剧，是元末明初南戏发展到江苏昆山一带，与当地的音乐、歌舞、语言结合而形成的一个新的声腔剧种，至今已有600多年的历史。昆曲以其婉约典雅、优美抒情的独特风格，被誉为"百戏之祖"，是中国古典戏剧的一颗璀璨明珠，具有极高的艺术价值和文化价值。

昆曲的剧本文学性很强，既有文采，又符合音韵格律，著名剧作家汤显祖、孔尚任等都为昆曲创作了经典的剧本。昆曲的音乐以曲牌体为主，强调唱腔的韵味，优雅抒情、悦耳动听；表演注重虚拟性和程式化，有着中国传统戏曲的鲜明特点，内容多样、情感丰富；舞台美术以简洁典雅为特点，以"一桌两椅"的布置，表现出不同的情境。

《牡丹亭》（见图5-2）《西厢记》《桃花扇》《长生殿》等作品，既是经典的舞台作品，又是经典的文学作品，为后世留下了宝贵的精神财富。

2001年，昆曲被联合国教科文组织命名为"人类口头和非物质遗产代表作"。2006年，经国务院批准，昆曲被列入第一批国家级非物质文化遗产名录。2008年，昆曲又被列入联合国教科文组织人类非物质文化遗产代表作名录。

图5-2 昆曲《牡丹亭》

2. 京剧

京剧，又名皮黄、平剧、京戏等，是目前全国影响最大的戏曲剧种，以北京、天津、上海为中心，遍及全国各地。康熙末年，昆曲逐渐衰落，"乱弹"诸腔如梆子腔、秦腔、楚腔、皮黄腔等兴起，在音乐上突破了曲牌体的形式，创造了以板腔音乐变化为主的板腔体。乾隆中期，出现了"花""雅"之争，乱弹诸腔盛极一时。

"四大徽班"进京后,与汉调艺人合作,同时吸收了昆曲、秦腔和一些地方民间曲调的艺术养料,通过不断地交流、融合,历经六十余年,最终形成京剧。

京剧在200多年的发展中,经过无数艺术家长期的舞台实践,在文学、表演、音乐、唱腔、锣鼓、化妆、脸谱等方面,构成了一套互相制约、相得益彰的具有格律化和规范化的程式,涌现了《贵妃醉酒》《野猪林》《四郎探母》等家喻户晓的传统历史剧目,诞生了以梅兰芳、马连良、周信芳、李少春等为代表的杰出的表演艺术家。

2006年,经国务院批准,京剧被列入第一批国家级非物质文化遗产名录。2010年,京剧又被列入联合国教科文组织人类非物质文化遗产代表作名录。

美之漫谈

"四大徽班"进京

乾隆五十五年,为庆祝乾隆皇帝八十大寿,特召当时以高朗亭为台柱的三庆徽班和其他各种戏班来京演戏。各徽班演出后,留在北京进行民间演出,大受欢迎,在京城扎下脚根,接着四庆、四喜、和春、春台等徽班相继进京,徽班遂成为北京戏曲舞台上的劲旅。嘉庆、道光年间,活跃在北京城里的四个徽班——三庆、四喜、春台、和春,实力最为强大,又因戏班中多以安徽籍艺人为主,故名"四大徽班"。

3. 蒲剧

蒲剧,又名蒲州梆子,是乱弹的一种,因以梆子击节,又称梆子腔,清代称"山陕梆子",是梆子声腔最具代表性且产生较早的戏曲剧种,嘉靖年间发源于蒲州(今永济市),现主要流行于山西晋南的临汾、运城和河南豫西的三门峡、灵宝,陕西陕北的宜川等部分地区。

蒲剧欣赏

蒲剧与山西的中路梆子、北路梆子、上党梆子并称山西戏曲"四大梆子",其音乐节奏强烈明快,唱腔高亢激昂,擅长表现慷慨悲壮的历史题材故事,如《麟骨床》《挂画》《黄逼宫》等。蒲剧擅用各种特技表现人物,积累了丰富的"绝活",其中帽翅、髯口、翎子、梢子、鞭子、扇子、跷功、椅子功、蛤蟆功、鼍臀功、甩纸幡等表演特技享誉戏曲界。

新时期以来,以任跟心、郭泽民、武俊英、王艺华、景雪变、崔彩彩等为代表的蒲剧演员,致力于蒲剧艺术的传承与创新,使得传统戏整理改编获得新突破,新编历史剧逐步走向繁荣,现代戏不断创新探索,涌现了《关公与貂蝉》《土炕上的女人》《山村母亲》《老鹳窝》等一批新编历史剧与现代剧。

2006年,经国务院批准,蒲剧被列入第一批国家级非物质文化遗产名录。

4. 秦腔

秦腔，由陕西东部的同州梆子演变而来，也是梆子声腔的一种，主要起源于陕西的关中地区和西府、甘肃天水一带，是大西北的代表性地方戏曲剧种，主要流布在陕西、甘肃、宁夏、青海、新疆等地，已成为西北地区的文化名片和符号。

秦腔的表演技艺朴实、粗犷、豪放，富有夸张性，生活气息浓厚，技巧丰富。最大特点是唱、念全以陕西关中方言为基础，同时融入了中国汉唐时期诗、词、曲的一些语言。这些语言与音乐相融合，形成了秦腔艺术独特的声腔风格，腔调高亢激昂、语气硬朗结实。

秦腔剧目多取材于"列国""三国""杨家将"等英雄传奇或悲剧故事，如《赵氏孤儿》《金沙滩》《龙凤呈祥》《火焰驹》《三滴血》等。进入新时期后，秦腔呈现出一派繁荣景象，涌现出一大批优秀的新编、移植历史剧和现代戏，如《千古一帝》《锁麟囊》《大树西迁》《西京故事》《八月十五月儿圆》《民乐情》等。也涌现出一大批中国戏剧梅花奖获得者、新时代秦腔领军人物，如李东桥、窦凤琴、李梅、柳萍、李小峰等。

2006年，经国务院批准，秦腔被列入第一批国家级非物质文化遗产名录。

5. 黄梅戏

黄梅戏，最早叫采茶戏、黄梅调，起源于湖北省的黄梅县，后传播于安徽、江苏、江西等地，是江南一带的代表性剧种。

早期的黄梅戏，情节简单，人物较少，多为小生、小旦、小丑，又称"两小戏""三小戏"等。音乐结构为曲牌体，曲调多为花腔小调。随着社会的发展和文化的相互借鉴，黄梅戏上演剧目逐渐由小剧目演变成连台本戏，多以才子佳人、男女爱情为主题，也有历史题材、现实题材的新创剧目，如《天仙配》《女驸马》《徽州女人》等。以马兰、杨俊、韩再芬、蒋建国等为代表的新一代黄梅戏演员，在继承黄梅戏传统剧目的基础上，着力弘扬黄梅戏的开放性特征，博采众长，形成了青春靓丽的风格，从而使黄梅戏成为全国极为活跃的新型剧种。

2006年，经国务院批准，黄梅戏被列入第一批国家级非物质文化遗产名录。

（三）戏曲的表现手段

戏曲作为综合性极强的表演艺术，在舞台上必须通过不同的表现手段来呈现规定情境和人物特性，最为直接的表现手段就是"四功五法"和"角色行当"。

1. 四功五法

"四功五法"是戏曲演员必修的基本功，"台上一分钟，台下十年功"就准确地概括了戏曲演员成功背后的辛勤付出和坚持不懈的艺术追求。

（1）四功

唱，是演员对戏曲唱腔的展示，是戏曲表演的首要法则，也是戏曲表演的主要艺术手段。唱戏首先要会"唱"，根据戏曲音乐、伴奏，在规定情境中演唱人物、演唱内心、演唱情绪，主要有单人大段唱腔、小段唱腔，两人及两人以上的对唱、幕后伴唱、合唱等演唱形式。如蒲剧现代戏《土炕上的女人》中，主人公杨三妞在"送女"的时候就有大段核心唱腔"猫猫你莫悲伤"。

过程性指导	
探究方法	1. 沉浸体验：观看京剧的经典片段。 2. 模仿实践：通过对角色"手眼身法步"的观察，选"四功"中的一种进行模仿。 3. 多元评价：学生互评，教师点评。
注意事项	在模仿时，注意把握"四功五法"的特点和要领。

念，即念白、道白，是戏曲舞台上的"说"，通常用于叙述故事情节、描写人物心理或对话。念白要求清晰有力、富有感情，戏谚有"千金道白四两唱"，充分体现了念白在戏曲表演中的重要地位，如京剧《打龙袍》中丑角灯官的数板"报花灯"就是极具代表的戏曲念白。

做，即做工，包括身段、手势、表情、步伐等，是戏曲表演中塑造人物形象、展现戏剧情节的关键，体现了戏曲演员扎实深厚的表演功底。如蒲剧《拾玉镯》中女主人公孙玉姣的"捻线"，《烤火》中女主人公尹碧莲的叠衣、争火、让火等做工，充分体现了中国戏曲表演的精致和优美。

打，即武打、武功，包括翻跌、跟头、把子、打荡子等众多戏曲武打的程式动作，以及各种高难度的技巧，因此武戏演员必须要有相当的腰功、腿功、把子功基本功，才能胜任武打表演的需要。这一表现手段主要在武生、武旦、武丑等行当中体现，如京剧武戏《雁荡山》《挑滑车》中的起霸、走边、对枪、下场等，充分展示了武艺的高超和戏剧的紧张气氛。

（2）五法

戏曲表演可以从姿势、神情、气息、规律、节奏五个方面归纳为"手为势、眼先引、身行气，法求准，步度尺寸稳"，并取句首五字"手眼身法步"，称为"五法"。

"手"是手势、手法，通常指戏曲演员在表演时根据不同剧情的需要，用手指、手掌、手臂做动作，形成独特的手势，主要有拳式、掌式、山膀、云手、指式等。生、旦、净、丑各行当的手势分别有不同的规范和含义。净角五指张开，叫"虎爪势"（见图5-3），表示雄伟、勇猛；小生五指并合，拇指微屈（见图5-4），表示稳重；老生中指、食指微伸，其余三指皆屈（见图5-5），表示衰老、迟钝；旦角中指倒下搭住拇指，食指挺直，无名指、小指微曲，状若兰花，叫"兰花指"（见图5-6），表示温柔、矜持。

图 5-3　净角"虎爪势"手法

图 5-4　小生手法

图 5-5　老生手法

图 5-6　旦角"兰花指"手法

"眼"是眼神、眼法，是戏曲演员在舞台上刻画人物、表达思想感情的重要器官。演员在舞台上表达喜、怒、忧、思、悲、恐、惊等感情，都要通过眼睛来表达。"一身之戏在于脸，一脸之戏在于眼"说的就是眼睛在戏曲舞台上的重要性。一般常用的眼神主要有转神、瞪眼、欢笑眼、苦笑眼、含羞眼、惊喜眼等。如旦角双目微眯，眉梢上挑，嘴角上翘，表现"喜"；双目远望，眉头上挑，头部微昂，表现"盼"（见图 5-7）。

"身"是身段、身法，是戏曲演员身段表演的基本方法，是"五法"中的枢纽。身法大致分为起、落、进、退、侧、反、收、纵等。演员在表演中做出的每个身段动作，都与这八种姿势相关。舞台上身段动作讲究"进要矮""退要高""侧要左""反要右"，一个动作要

图 5-7　旦角"盼"眼法

"横起顺落"，讲究未左先右、欲进先退、未高先低、未快先慢，这样才能在戏曲表演中展现身段美，如武生的"亮相"身法（见图 5-8）、"翻身"身法（见图 5-9）。

项目五　文学与表演的相得益彰——综合艺术

121

图 5-8　武生"亮相"身法　　　图 5-9　武生"翻身"身法

"法"指戏曲表演中某些具体的技术性法则。在舞台艺术创作中，表演程式通过一定的技术性法则与特定的内容相结合，以歌舞演故事，形成一种独特的艺术表演形式。戏曲表演程式都是一代又一代的艺术家创造出来的，有固定的模式、思维、表达。"法"不仅有利于戏曲演员更好地展现戏曲的独特魅力，也有利于欣赏者更好地体味戏曲的精湛技艺。

"步"是步态、步法。戏曲演员在舞台上的一切步法动作都要靠一双脚来完成，步法的技巧娴熟与否是判断一个演员功底是否扎实的标准之一。戏曲演员根据剧中人物的性别、年龄、身份以及规定情境，创造总结出各种各样的步法，如圆场步、踣步（见图5-10）、搓步、云步、跨步、跪步、醉步、花梆子步等，这些步法往往与身法配合运用，完整展现步法的整体风貌。

图 5-10　"踣步"步法

"四功五法"不仅要求演员肢体控制精妙，还要求肢体间的相互配合协调，从而使观众更充分地感受到戏曲表演的千姿百态，体味戏曲的无限魅力。

2. 角色行当

"角色行当"是戏曲特有的表演体制和表现手段，根据性别、人物、身份、表演技巧进行规范化分类，可分为"生旦净丑"四大行当。

生角指戏曲舞台上扮演男性角色的人物形象。根据人物年龄、性格、身份以及表演特点可分为老生、须生、红生、武生、小生、娃娃生等门类。如《金沙滩》中的杨继业属于老生（见图5-11），《忠义千秋》中的关羽属于红生（见图5-12），《长坂坡》中的赵云属于武生（见图5-13），《吕布与貂蝉》中的吕布属于小生（见图5-14），《对花枪》中的罗焕属于娃娃生（见图5-15）。

图 5-11 老生

图 5-12 红生

图 5-13 武生

图 5-14 小生

图 5-15 娃娃生

旦角指戏曲舞台上扮演女性角色的人物形象。根据年龄、性格、身份及表演特点可分为青衣（正旦）、花旦、武旦、刀马旦、老旦和彩旦等。如《反潼关》中的吴母属于老旦（见图5-16），《三娘教子》中的王春娥属于青衣（见图5-17），《破洪州》中的穆桂英属于刀马旦（见图5-18），《扈家庄》中的扈三娘属于武旦（见图5-19），《表花》中的梅英属于花旦（见图5-20），《拾玉镯》中的刘媒婆属于彩旦（见图5-21）。

图 5-16 老旦

图 5-17 青衣

图 5-18 刀马旦

图 5-19 武旦

图 5-20 花旦

图 5-21 彩旦

净角,又叫"花脸",指戏曲舞台上性格、品质、相貌等方面具有突出特点的男性人物。净角面部化妆一般要勾画脸谱,表演动作幅度大,有着突出的性格、气度和声势。净角可分为正净(大花脸)、武净(二花脸)两大类。正净以唱为主,如《铡美案》中的包拯(见图5-22)、《二进宫》中的徐彦召等(见图5-23);武净以做工为主,如《芦花荡》中的张飞(见图5-24)、《李逵探母》中的李逵等。

图5-22 正净(大花脸)

图5-23 正净(大花脸)

图5-24 武净(二花脸)

丑角指戏曲舞台上扮演具有幽默滑稽、阴险狡诈特点的人物形象。因常抹一小块白粉扮丑,或在鼻梁眼窝间勾画小块脸谱,又名"小花脸",与净角的"大花脸""二花脸"并列,又称"三花脸"。丑角在戏曲舞台上占有很重要的地位,有"无丑不成戏"的戏谚。根据人物性格、年龄、身份可分为文丑、武丑、大丑、小丑,如《白蛇传》中的艄翁既属于文丑又属于大丑(见图5-25),《时迁盗甲》中的时迁属于武丑(见图5-26),《琵琶记》中的李群玉属于小丑(见图5-27)。

图5-25 文丑、大丑

图5-26 武丑

图5-27 小丑

二、总结与归纳：戏曲的审美特征

中国戏曲雅俗共赏，题材宽泛，"一桌二椅""四功五法"全凭演员高度程式化的表演营造具体的戏剧情境，表现鲜活人物，具有综合性、程式性、虚拟性的特征。这些特征凝聚着中华优秀传统文化的美学思想，构成了独特的戏剧观，使中国戏曲在世界戏剧文化的大舞台上闪耀着独特的艺术光辉。

	过程性指导
探究方法	1. 沉浸体验：欣赏京剧《雁荡山》片段。 2. 小组讨论：探究戏曲表演的审美特征，感受经典片段中的"美"。 3. 畅谈感受：学生代表谈感受，教师点评。
注意事项	在探究审美特征时，要注意规定情境中蕴含的虚拟性特征。

（一）综合性

中国戏曲是一种高度综合的民间艺术，集文学、音乐、舞蹈、杂技、武术、美术等多种艺术门类于一身，具有综合性的特征。这种综合性不仅涵盖各种艺术门类的综合性，还涵盖唱、念、做、打等表演艺术的综合性，化妆、服饰、道具布景等舞台艺术的综合性。

（二）程式性

戏曲的表演程式来源于生活，又按照一定的规范对生活进行提炼、概括和美化。角色分生、旦、净、丑四大行当，每一行当又可以进行多层次的划分，如"生"可分为老生、小生、武生，小生还可分为中生、冠生和穷生。各种角色的性格品行、唱腔念白、动作造型、穿着打扮等都有严格的规定，如脸谱象征着不同的人物性格和品行，不同颜色也被赋予了不同的含义，红色代表忠烈正义，白色代表阴险狡诈，黑色代表鲁莽豪爽，紫色代表刚正稳健。程式在戏曲中既有规范性又有灵活性，被称为"有规则的自由动作"。

（三）虚拟性

虚拟性是戏曲表演中反映生活的基本手法，是戏曲艺术的重要特征。戏曲演员通过特定的表演手段，不用实物或只用部分实物，比拟具体的人物、事物和环境。虚拟性首先表现为对舞台时间和空间的灵活处理，所谓"三五步行遍天下，六七人百万雄兵""顷刻间千秋事业，方丈地万里江山""眨眼间数年光阴，寸炷香千秋万代"；其次表现在对某些生活动作的模拟，如扬鞭表示骑马，划桨表示行船，抬轿表示有轿，开关门表示有门；有些动作还被用来传达特定的心理和情感，如"耍髯口"（见图5-28）的动作中，"推"表示沉思，"撕"表示气愤，"持"表示自得，"抖"表示生气。戏曲的虚拟性是追求神似、以形写神的传统美学思想的积淀，是一种美的创造，极大地解放了戏曲艺术家的创造力和观众的艺术想象力，从而使戏曲的审美价值获得了极大提高。

图 5-28　耍髯口

三、沉浸式体验：戏曲作品欣赏

（一）昆曲欣赏

昆曲《游园惊梦》（见图 5-29）是《牡丹亭》中的一出经典折子戏，是明代戏曲大家汤显祖的经典剧作。该剧描写了大家闺秀杜丽娘背着父母和塾师，与丫环春香到后花园游春，触景伤情，唱出"良辰美景奈何天，赏心乐事谁家院"的经典唱词，之后回房休息，梦中与书生柳梦梅花园相会，醒后神情恍惚，追恋梦境，不久忧郁成疾的爱情故事。

图 5-29　昆曲《牡丹亭》之《游园惊梦》

《游园惊梦》由"绕池游""步步娇""醉扶归""皂罗袍""好姐姐""隔尾"六个曲牌组成。其中"皂罗袍"刻画了杜丽娘千回百转的心理活动，是该剧的高潮，唱词如下：

> 原来姹紫嫣红开遍，似这般都付与断井颓垣。
> 良辰美景奈何天，赏心乐事谁家院！
> 朝飞暮卷，云霞翠轩；
> 雨丝风片，烟波画船。
> 锦屏人忒看的这韶光贱！

这是《牡丹亭》中最有名的一支曲子，历久传唱不衰。这段曲词细腻生动地描摹了一个少女青春萌动时的微妙心理，既是景语，也是情语。人物的感情和景色交织在一起，映衬出主人公对景自怜的伤感，其内心深处顾影自怜的哀愁在美好春光的感召下喷薄而出。全曲语言精美，以词的手法写曲，无论是抒情、写景，还是人物心理活动的刻画，无不细腻生动、真切感人，流动着优雅的韵律之美。

（二）京剧欣赏

京剧《贵妃醉酒》（见图5-30），又名《百花亭》，是京剧大师梅兰芳先生的原创代表剧目，也是梅派的传统经典剧目。该剧描写的是深受唐明皇宠爱的杨玉环，在唐明皇失约百花亭之后，羞怒交加，万端愁绪无以排遣，遂饮至大醉，后怅然返宫的一段情节，表达了杨贵妃由期盼到失望，再到怨恨的复杂心情。

图5-30　京剧《贵妃醉酒》

剧中的杨贵妃雍容华贵，以"卧鱼""衔杯"等高难度表演技巧、精妙婉转的唱词、丰富绕梁的曲调表现了她酒后哀怨自伤的醉态。从上场的满怀欣喜，中场的满腔懊悔，再到饮酒、醉酒，最后悻悻回宫，杨贵妃复杂的心理活动、酒醉的迷人状态被刻画得淋漓尽致。其核心唱段如下：

> 海岛冰轮初转腾，
> 见玉兔，玉兔又早东升。
> 那冰轮离海岛，乾坤分外明，
> 皓月当空，恰便似嫦娥离月宫，
> 奴似嫦娥离月宫，好一似嫦娥下九重，
> 清清冷落在广寒宫，啊，在广寒宫。
> 玉石桥斜倚把栏杆靠，
> 鸳鸯来戏水，金色鲤鱼在水面朝，
> 啊，在水面朝，长空雁，雁儿飞，哎呀雁儿呀，
> 雁儿并飞腾，闻奴的声音落花荫，
> 这景色撩人欲醉，不觉来到百花亭。

该剧剧情虽然简单,但场面宏大。流动的仪仗、纷繁的舞蹈、精美的服饰、大段的唱腔、丰富的伴奏令人目不暇视、耳不暇听。一字一腔、一招一式都充满了诗意,充分体现了传统京剧之美。

(三)秦腔欣赏

秦腔《三滴血》(见图5-31)是西安易俗社的原创剧目,取材于《阅微草堂笔记》,由被誉为"东方莎士比亚"的陕西剧作家范紫东先生执笔创作,首演于1918年,已有一百多年的历史。该剧讲述了一个糊涂的县官因谬信书本"滴血认亲"的说法,活生生拆散了亲生父子,破坏了无血缘关系异姓姐弟的姻缘,最后在铁的事实面前承认"滴血认亲"实属荒谬的故事,塑造了一个封建官僚的典型形象,深刻地讽刺了荒唐死板的教条主义。20世纪60年代,该剧曾被拍摄成戏曲电影,风靡全国,产生了广泛的影响。新世纪以来,又被拍摄成3D彩色电影。

图 5-31 秦腔《三滴血》

《三滴血》作为秦腔的王牌剧目,有很多脍炙人口的经典唱段被广为传唱,其中"结盟""虎口缘"最为经典,可单折上演。每当响起《结盟》中"祖籍陕西韩城县,杏花村中有家园"时,都会令人激荡不已。其唱词如下:

祖籍陕西韩城县,
杏花村中有家园。
姐弟姻缘生了变,
堂上滴血蒙屈冤。
姐入牢笼她又逃窜,
不知她逃难到哪边?
为寻妻哪顾得路途遥远,
登山涉水到蒲关。

该唱词是《三滴血》的核心唱段,描述了主人公李遇春在荒郊野外寻找亲人的急切心情。唱词简洁精练,曲调朗朗上口。

整部剧中人物关系错综复杂、曲折离奇,动人的情节背后辅以警示世人的积极意义,使人强烈地感受到秦腔艺术的独特魅力。

（四）黄梅戏欣赏

《女驸马》（见图 5-32）是黄梅戏的经典剧目，选自传统剧目《双救举》，是一部女性智慧的赞歌，极富传奇色彩。该剧讲述了湖北襄阳道台之女冯素珍冒死救夫的故事。冯素珍自幼许配李兆廷，后李氏家道衰微，冯家悔婚并陷害李兆廷入狱，逼素珍另嫁宰相刘文举之子。素珍女扮男装出逃，借李兆廷之名应试中魁，被强招为驸马。洞房之中，素珍冒死陈词感动公主。后帝赦其罪，又释兆廷，并招素珍之兄、前科状元冯少英为驸马，两对新人终成眷属。整个剧情充满传奇色彩，情节跌宕起伏，离奇而又在情理之中。其中"状元府""洞房""金殿"作为全剧的重点，入木三分地刻画了人物的心理活动。"洞房"核心唱段如下：

为救李郎离家园，
谁料皇榜中状元。
中状元，着红袍，
帽插宫花好呀，好新鲜哪！
我也曾赴过琼林宴，
我也曾打马御街前。
人人夸我潘安貌，
原来纱帽罩呀，罩婵娟哪！
我考状元不为把名显，
我考状元不为做高官。
为了多情的李公子，
夫妻恩爱花好月儿圆。

图 5-32　黄梅戏《女驸马》

这段耳熟能详的唱词朗朗上口，悦耳动听，情感真切动人，语言吸收了民间口语、谚语、民歌等元素，具有鲜明浓郁的地域特色。剧中冯素珍经历种种曲折冒死救夫的情节，表现了她聪慧、勇敢、善良的人物特点，深刻反映了在封建统治下女性对自由、平等、婚姻的追求。

任务二 走进光影世界——影视之美

一、理解并掌握：影视艺术的基础知识

影视艺术是通过声音与画面的完美结合，表达创作者情感，反映社会现实的一种艺术，是最年轻、最大众化的艺术种类。它将文学、音乐、舞蹈、绘画等艺术的多种元素融合在一起，通过技术手段以独特的艺术语言为大众呈现缤纷绚烂的艺术世界。

（一）影视艺术的发展概况

19 世纪末叶至 20 世纪上半叶，随着现代科学技术的迅猛发展，电影和电视这对姊妹艺术相继诞生，这是人类科学史和艺术史上具有划时代意义的伟大事件。

1. 电影艺术的发展概况

电影的发明和诞生是人类智慧的结晶，是人类文明进步的标志和象征，是 19 世纪最伟大的发明创造。1911 年，意大利电影先驱者乔托·卡努杜在他的《第七艺术宣言》中第一次宣称电影是一种表演艺术，是一门综合建筑、音乐、绘画、雕塑、诗歌、舞蹈等六种艺术的第七艺术。

电影艺术百年历程

（1）世界电影艺术的发展概况

19 世纪末，随着工业革命的深入发展，科技成就层出不穷，电影这种新的艺术形式应运而生。世界各地的技术爱好者和发明家纷纷投入电影艺术的探索与创新，推动了电影技术的发展和电影艺术的成熟。

①萌芽产生期

1895 年 12 月 28 日，卢米埃尔兄弟在"印度沙龙"里使用"活动电影机"放映了《火车进站》（见图 5-33）《水浇园丁》《工厂大门》等几部记录真实生活的短片，拉开了电影艺术的序幕。这些影片作为后世纪录片的鼻祖，蕴含着深刻的纪实主义美学。

电影艺术的先驱乔治·梅里爱偶然发现了"停机再拍"的特效手段，实验发明了慢动作、快动作、曝光等一系列特技镜头，创造了魔术电影，将戏剧艺术与电影艺术进行有机融合，拍摄了大量的戏剧电影。他的代表作《月球旅行记》以表现美学为基础，运用蒙太奇手法，超越现实生活，为大众制造视觉奇观，被称为"史上第一部科幻片"。

1896—1910 年，英国出现了世界电影史上第一个电影流派——布莱顿学派，该学派注重对电影艺术表现手段中的镜头、景别、蒙太奇进行开发探索。这一时期，

法国"百代公司"注重影片生产,美国的"好莱坞"处于酝酿期。

图 5-33 《火车进站》

②发展探索期

这一时期是无声电影的全盛时代,好莱坞电影的工业体系已初步形成。1915年,美国导演大卫·格里菲斯的《一个国家的诞生》运用了当时几乎所有的电影语言和技法,第一次向观众展示了电影的独特魅力,标志着电影艺术的真正成熟。

这一时期,苏联蒙太奇学派注重蒙太奇手法的使用,如《战舰波将金号》等;法国印象派电影善于运用各种镜头来表现人物的心理,如《车轮》等;欧洲先锋派反对电影商业化,认为电影艺术是精英人才对艺术形式的探索,如《电影,你好!》等;德国表现主义电影通过扭曲的事物、怪诞的表演、极端的反差创造了独特的美学色彩,如《卡里加里博士的小屋》等。

③全面成熟期

1927年,第一部有声电影《爵士歌王》的出现,极大地丰富了电影艺术的审美特征,使电影艺术成为兼具视听的艺术,步入全面成熟时期。1935年,世界上第一部彩色影片《浮华世界》(见图 5-34)首映,更加精进了电影艺术的表现特征。这一时期,艺术家们运用蒙太奇手法对声音进行创造性加工,使电影艺术更加富有表现力,产生了大量的类型电影,如喜剧片《摩登时代》、西部片《关山飞渡》、歌舞片《封面女郎》、犯罪片《国民公敌》等。与此同时,好莱坞电影步入黄金时代。

图 5-34 《浮华世界》

④多元竞争期

第二次世界大战后,好莱坞电影步入了一个相对的衰落期,而同时期的欧洲、亚洲电影先后在艺术与商业上获得成功,进入了快速发展期,世界电影步入了多元竞争期。法国新浪潮电影开创了一种非制片厂化的新电影拍摄方式,引发了电影剪辑观念和技巧的革命,代表作品有《精疲力尽》等;新德国电影开辟了本民族电影市场,增加了影片的历史内涵,为电影艺术理性与感性的统一探索了新道路,如《和昨天告别》等;日本、印度的电影也开始得到世界影坛的关注,如《罗生门》等。

⑤转折过渡期

20世纪60年代末,好莱坞电影重新崛起,进入了"新好莱坞"阶段。电影艺术由流水线生产变为单个项目开发,类型电影有所丰富,出现了灾难片、科幻片等。意大利电影注重反映社会现实问题,新德国电影充分展示导演的个人风格,法国电影题材样式日趋多元,日本动画电影走向了前所未有的高峰,印度电影浓郁的民族风情使其在世界影坛独树一帜。

⑥数字发展期

20世纪90年代后,电影艺术在科学技术的推动下实现了革命性飞跃,为观众带来了众多的"不可能"景象。《终结者2》中的"液态金属人",《侏罗纪公园》中的恐龙,《阿甘正传》中的"握手",《哈利·波特》中的魔法等鲜明的科技特色是电影在这一时期发展的主要表现。《阿凡达》在视觉特效和3D技术上的创新,为观众带来了前所未有的观影体验,将电影艺术的科技观赏效果推向了新高潮,也推动了电影拍摄技术和后期制作技术的进步,为电影艺术的发展注入了新活力。

科技发展推动世界电影史实现三次变革

现代科学技术的发展推动了世界电影的三次重大变革。1927年,随着录音技术的发展,电影完成了从无声到有声的飞越,第一部有声电影《爵士歌王》实现了电影艺术的视听融合,极大地丰富了电影艺术的审美特征。1935年,世界上第一部彩色影片《浮华世界》使用彩色胶片上映,开创了电影从黑白到彩色的新时代。21世纪初,数字技术大举进入电影艺术创作的各个环节,在电影内容与电影表现方式等层面为电影艺术注入了全新的活力,电影的发展由此正式步入数字技术时代。

(2) 中国电影艺术的发展概况

中国电影的发展可以追溯到20世纪初,历经100多年,已经成为世界电影的重要组成部分,在艺术形式、主题内容、审美观念、制作技术等方面都得到了发展,形成了独特的风格。

①奠基期

1905年，北京丰泰照相馆的老板任庆泰用卢米埃尔式拍摄法拍摄了中国第一部电影《定军山》（见图5-35），标志着中国电影的诞生。1913年，中国第一代导演张石川、郑正秋拍摄了我国第一部短故事片《难夫难妻》。1917年，商务印书馆开始摄制风景、时事、教育、古剧、新剧五类影片，极大地促进了我国电影事业的发展。1922年，郑正秋与张石川创建了明星公司，拍摄了中国现存最早的影片《劳工之爱情》。

这一阶段，中国电影经历了众多个第一次，初步形成了中国电影的伦理剧传统，建立了早期电影工业的雏形，产生了最早的商业电影浪潮。

图5-35 《定军山》

②探索期

这一时期，大批电影企业兴起，产生了一大批电影精英，中国电影技术逐步提高。1931年，张石川导演了中国第一部有声片《歌女红牡丹》（见图5-36）。1933年，中国共产党人积极参与中国影视事业建设，成立中国电影文化协会，电影人积极肯定电影的社会现实意义和文化创造精神，拉开了"新兴电影运动"的序幕，拍摄了大量优秀的影视作品，如《桃李劫》《风云儿女》等。

图5-36 《歌女红牡丹》

抗战爆发后，涌现了《八百壮士》《中华儿女》等抗战电影和《木兰从军》《乱世风光》等大量爱国主义电影。抗战结束后，中国电影迎来了爆发式高潮，在思想与艺术上实现了大飞跃，出现了一大批经典作品，如《八千里路云和月》《希望在人间》《一江春水向东流》等。

这一时期，我国第二代导演诞生，代表性人物及作品有蔡楚生的《渔光曲》、袁牧之的《马路天使》等。1935年，《渔光曲》获莫斯科国际电影节"荣誉奖"，成为我国第一部在国际上获奖的影片，进一步提升了中国电影在国际影坛的影响力。

③发展期

1949年，中华人民共和国成立，中国电影迎来了历史性的巨大转折，继承了20世纪三四十年代电影的优良传统，表现中国革命的发展历程，颂扬爱国主义和英雄主义品质。这一时期诞生了《白毛女》《铁道游击队》《永不消逝的电波》等佳作，出现了京剧《红灯记》《沙家浜》《智取威虎山》等"样板戏"。我国第三代导演诞生，他们以人道主义追求为宗旨，注重电影观念和历史观念的正统性，遵循现实主义原则，注重表现生活的本质，深入展现矛盾冲突，在民族风格、地方特色、艺术底蕴等方面都进行了十分有益的探索。代表性人物及作品有水华的《伤逝》、崔嵬的《小兵张嘎》、林农的《党的女儿》、谢晋的《红色娘子军》等。

④变革期

1979年开始，中国影坛焕然一新，迎来了创作新高潮。思想解放运动、电影创新运动蓬勃发展，第四代、第五代、第六代导演诞生，他们各展其长，百家争鸣。

第四代导演承上启下，力图用新观念改造和发展中国电影，借助巴赞的长镜头理论和意大利新现实主义的经验，打破戏剧式结构，提倡纪实性，擅长从生活小事挖掘人生哲理，具有强烈的社会责任感和历史使命感。代表性人物及作品有吴贻弓的《城南旧事》、吴天明的《老井》等。第五代导演处于改革开放、思想解放、创作活跃的社会主义新时期的时代大背景之中，在创作自由、反叛精神、宏大叙事方面彰显民族灵魂，融入哲学思考，直击社会批判，强有力地推动了世界对中国电影的了解，提升了中国电影的国际地位。代表性人物及作品有陈凯歌的《霸王别姬》、张艺谋的《红高粱》等。第六代导演从宏大走向微观，更注重普通人，试图以自己的亲身体验和成长经历，为我们展示现实人群的生活境遇，关注青春与成长话题，强调纪实美学风格，如管虎的《斗牛》、娄烨的《推拿》、贾樟柯的《小武》等。

⑤繁荣期

20世纪90年代，我国电影发生产业化改革，进入繁荣期。电影产业在技术、题材和国际化等方面取得了显著进步。电影大量引入先进的特效技术，制作更加精湛。互联网的兴起为中国电影提供了新的发展机遇，催生了一批新锐导演和编剧。电影科技创新取得新突破，坚持以人民为中心的创作导向，以多类型、多品种、多样化的作品满足人民日益增长的精神文化需求和审美需求，不断推进文化自信自强。中国式大片不断涌现，开始领跑中国电影，如李安的《卧虎藏龙》、张艺谋的《英雄》、陆川的《南京！南京！》、吴京的《战狼》等影片注重民族精神的传播，推动中国式大片走向成熟。

同时，中小成本影片异军突起，宁浩的《疯狂的石头》、文牧野的《我不是药神》、贾玲的《你好，李焕英》等作品不断刷新电影票房纪录，张猛的《钢的琴》、刁亦男的《白日焰火》等影片，记录大时代下中国普通人民的生活，为中国乃至世界观众展现了鲜活全面的中国图景，塑造了更为真实、立体的中国形象。

 思政之美

以文化自信铸就影视强国

党的二十大向海内外发出了时代强音，开启了人类历史上最壮丽的事业。全面建成社会主义现代化强国，必然要以文化建设为重要支撑，以"举旗帜、聚民心、育新人、兴文化、展形象"为具体路径，以"激发全民族文化创新创造活力"为期许，以"增强实现中华民族伟大复兴的精神力量"为终极目标。

中国电影正立于时代潮头，我们要建立健康的电影形态和电影生态，与世界电影相约相通的同时，推进文化自信自强，讲好中国故事，为民族复兴培根铸魂。

2. 电视艺术的发展概况

20世纪，随着电子技术的进步、无线电通信的发展，电视艺术作为一种新的艺术形式诞生，迅速普及并深刻影响了全球范围内的文化生活和社会交流，是覆盖面最广、影响力最大的一种大众艺术。

扫一扫
走进电视世界

（1）世界电视艺术的发展概况

随着技术的进步和社会需求的变化，世界电视艺术经历了从准备、起步、成长到成熟的创新发展过程。电视节目内容日益丰富，形式更加多样，满足了人们多样化的精神文化需求。

① 准备期

1817年，在瑞典科学家贝采利乌斯发现硒的基础上，电视传播两端的问题通过光电效应和荧光效应的应用得以解决。1884年，在图像分解法与眼睛扫描原理的基础上，德国的尼普可夫发明了以机械方式传送活动图像的"尼普可夫圆盘"。1925年，英国工程师贝尔德利用此装置的原理制造了机械电视机，被称为"电视之父"。之后，兹沃里金在电子显像管和阴极射线管的基础上发明了现代电视机的雏形——电子电视，机械电视被电子电视代替。1936年11月2日，英国广播公司在伦敦郊

外的亚历山大宫播出了一场歌舞节目，标志着世界上第一座电视台正式开播，也标志着电视的诞生。

②起步期

这一时期，英国一直领先于世界。之后，德国、法国、美国、苏联等国陆续开始播出电视。1936年，柏林奥运会期间，德国进行了最早的体育电视直播尝试。1938年，英国进行了世界上第一次新闻报道的实况转播。1939年，美国试验转播了世界博览会实况，并于1940年成立了全国电视标准委员会。随着标准的实施，美国陆续播出了一些带有广告的常规电视节目。第二次世界大战的爆发打破了电视艺术飞跃式发展进程。战后，各国电视台恢复播出，电视业开始复兴。

③成长期

这一时期，新电视台如雨后春笋般在世界各国开办，扩展到50多个国家。1954年，彩色电视节目在NBC正式播出。1956年，随着磁带录像机的出现，电视节目摆脱直播形式，可以自由地进行时空转换。自录像技术的应用开始，电视艺术成为独立的艺术形式。1962年，美国发射了卫星"电星1号"，首次成功转播了电视信号。1964年，美国发射了"同步3号"卫星，这是第一颗固定地可以从事洲际电视转播的通信卫星。1965年，"国际通信卫星1号"发射成功，标志着世界进入了国际卫星传播的新时代。

有线电视作为另一种新的传播形式，虽在20世纪40年代末就已出现，但直到20世纪70年代才得以迅速发展，具有抗干扰性强、选择范围广等优点。20世纪70年代，盒式磁带录像机进入家庭，为电视艺术的发展提供了广阔的天地。从20世纪50年代到70年代末，各类戏剧式节目、肥皂剧、新闻节目、综艺节目、纪录片、专题片等电视节目类型已基本成型。

④成熟期

20世纪80年代后，电视艺术逐渐走向全面成熟，电视传播日趋全球化、国际化。随着采集设备的普遍使用，电视新闻的采集、制作和发送变得越来越便捷，为新闻节目的快速发展创造了条件。欧美电视剧的题材越来越丰富，制作越来越精良，美国出品的《老友记》《生活大爆炸》、英国出品的《神探夏洛克》《唐顿庄园》等均在全球产生了较大影响。在亚洲，中国、韩国、日本的电视剧产业较为发达，创作了众多电视剧精品，如中国的《康熙王朝》《父母爱情》、韩国的《蓝色生死恋》和日本的《东京爱情故事》等。综艺节目开始向多元化发展，种类繁多、形式多样，《美国偶像》《英国达人秀》等掀起全球热潮。

目前，世界电视正朝着更加智能化、个性化、多元化的方向发展，观看方式更为灵活，媒介融合更加深入，同时也在不断适应新技术和新趋势，以满足观众日益增长的审美需求。

（2）中国电视艺术的发展概况

20世纪中叶，电视艺术在中国迅速崛起，成为满足人民群众精神文化需求的重要文化形态。

①初创期

1958年，中央电视台的前身北京电视台开始试验广播，上海电视台和哈尔滨电视台陆续开播，这批电视台的开播标志着我国电视事业的开端。同年，第一部电视剧《一口菜饼子》在北京电视台播出。

②发展期

1978年，北京电视台更名为中央电视台，播出电视剧《三家亲》。1979年，我国中央广播事业局决定自己生产电视剧，自此，我国开始自主办节目。1980年，我国第一部电视连续剧《敌营十八年》播出，引领电视剧向通俗化发展。1983年，中央电视台举办了首届春节联欢晚会，春晚从此成为中国新民俗。1990年，我国第一部大型室内电视连续剧《渴望》播出，成为当年的一道独特风景。这一时期，纪录片、专题片、综艺节目、晚会节目均在变革发展，大量优秀电视剧的引进为电视剧娱乐化发展奠定了基础。

③转型期

这一时期，省级电视台陆续上星，促进了电视节目的繁荣与发展。《东方时空》的播出成功填补了中央电视台早晨时段节目的空白。1997年，中央电视台直播报道了香港回归这一重要历史时刻，开启了中国电视直播新纪元，电视新闻的实时性特征被充分体现。20世纪90年代初，电视剧的生产和流通逐渐走向市场化，产生了大批精品，如《三国演义》《雍正王朝》《北京人在纽约》《我爱我家》等。

④竞争期

2004年，湖南卫视真人秀节目《超级女声》播出，拉开了我国电视业娱乐化发展的序幕，涌现出《中国诗词大会》《朗读者》《国家宝藏》等大量优质节目。这一时期，我国电视剧行业飞速发展，产量不断攀升，成为电视剧生产和播放的第一大国，涌现出《康熙王朝》《大宅门》《人间正道是沧桑》《士兵突击》《人民的名义》等一大批优秀的电视剧作品。随着互联网技术的发展，网剧获得了很大的市场，产生了大量的优秀作品，如《外交风云》《在希望的田野上》等。

（二）影视作品的分类

1. 电影作品的分类

电影作品的类型丰富多样，可分为故事片、纪录片、科教片、美术片四大类。

丰富多彩的电影类型

（1）故事片

故事片以讲述故事为主，通过丰富的人物形象、完整的情节结构为观众提供沉浸式观影体验。根据不同的表现内容可分为浪漫爱情片、惊悚悬疑片、动作冒险片等，如《我的父亲母亲》《看不见的客人》《这个杀手不太冷》等。

（2）纪录片

纪录片以真人真事为表现对象，用特定的视角和方式呈现现实生活，引发观众的思考和讨论，其核心是真实。纪录片内容丰富，形式多样，集中反映文化现象、历史事件等，如《归途列车》《乡村里的中国》等。

	过程性指导
探究方法	1. 小组讨论：学生说出自己喜爱的影视作品，从作品出发，小组讨论不同影视作品的相似及独特之处。 2. 归纳总结：通过找出各影视作品的相似之处，总结出影视艺术的分类。
注意事项	不局限于探究某一时期、某一导演的影视作品，尽可能地发散思维，进行头脑风暴。

（3）科教片

科教片解释自然现象和社会现象，普及科学知识，传播科学思想，强调科学性、直观性，对提升公众的科学素养起到了积极作用，包括科学普及片、技术推广片、科学研究片和教学片等，如《宇宙与人》《生命的奇迹》等。

（4）美术片

美术片不依赖真实的场景和演员的表演，通过手绘、建模、动画或其他视觉艺术技术来创造虚拟的世界和角色。美术片分为动画片、特效片、木偶片、剪纸片等，如《阿凡提的故事》《长在屋里的竹笋》《狮子王》《千与千寻》《哪吒之魔童降世》等。

2. 电视作品的分类

按内容性质，电视艺术大致分为五种，分别为电视剧、新闻类节目、社教类节目、服务类节目、娱乐类节目。

（1）电视剧

电视剧是电视艺术的主要类型，主要包括短剧、单本剧、连续剧、系列剧等。短剧时长较短，通常控制在30分钟左右，具有相对完整的戏剧结构，强调"身边人演身边事"，能够快速反映现实生活、紧贴时事，如《沂蒙英雄故事》等；单本剧具有独立完整的故事和情节脉络，且在单本容量中全部完成，人物关系简单，情节紧凑，如《新闻启示录》等；连续剧制作周期长、叙事容量大，人物关系复杂，情节较为曲折，人物、情节具有连贯性，每集演播全剧中的一段故事，通常在结尾处留有悬念，吸引观众连续收看，如《亮剑》等；系列剧由相同的背景或同一人物将不同的故事连接起来，每集都是一个全新的、完整的、独立的故事，集与集之间的情节内容没有必然连续性，观众可以连续收看，也可以任意选看其中的某一集，如《编辑部的故事》等。

（2）新闻类节目

新闻类节目向观众传递最新的新闻资讯和社会动态，对社会舆论起着关键性的引导作用,具有真实性、准确性、时效性的特征。随着新闻类节目的不断发展,出现了专业化的新闻频道,定期直播新闻。在融媒体时代,这类节目能够融合文字、图片、视频、动画等多种表现形式,丰富节目内容,满足观众需求,发挥新闻在信息传播和社会监督中的重要作用。新闻类节目包括消息型新闻、专题型新闻等,如我国的《新闻联播》《焦点访谈》等。

(3)社教类节目

社教类节目是以教育、科普等知识传播为主,采用动画、游戏、实验、讨论等多种形式,满足观众自主学习、自我提升需求的电视节目。根据内容不同,分为教学节目和科普节目两类。教育节目强调教学内容的系统性输出,涵盖语文、数学、物理等多个领域,如《跟着书本去旅行》《同上一堂课》等。科普节目围绕科普这一主题,以科学知识、方法、精神为内容,记录科学事件,解释科学现象,探寻科学奥秘,引发科学兴趣,如《探索·发现》《解码科技史》等。

(4)服务类节目

服务类节目为观众提供信息帮助、生活指导等多样化服务,内容丰富,形式多样,贴近生活,是电视媒体服务社会、服务人民的重要方式,包括生活服务类、咨询服务类等节目。生活服务类节目包括健康、饮食、家居、旅游等,如《健康之路》《超级生活家》等。咨询服务类节目主要提供法律、心理、情感等方面的咨询服务,如《今日说法》《心理访谈》等。

(5)娱乐类节目

娱乐类节目通过寓教于乐的方式,为观众提供轻松愉快的观赏体验,既可在一定程度上缓解观众精神压力,也可使观众获得较强的情感共鸣,具有娱乐性、观赏性、审美性和趣味性。娱乐类节目包括综艺节目、真人秀节目、脱口秀节目、相声节目等,如综艺节目《欢乐中国行》《开门大吉》、真人秀节目《了不起的挑战》《你好生活》、脱口秀节目《奇葩说》《今晚80后脱口秀》、相声节目《相声有新人》《笑礼相迎》等。

(三)影视艺术的表现手段

影视艺术通过画面、声音以及蒙太奇等表现手段讲述故事,传达情感,表现主题。

1. 画面

画面是影视艺术最基础的表现手段,包含镜头、光影、色彩等元素。

(1)镜头

镜头通过摄影机的操作来捕捉和呈现视觉内容,借助景别、镜头运动、焦距等变化,产生不同的视觉效果。景别指被摄主体在画面中呈现的范围,决定观众未来视域的大小,分为远景、全景、中景、近景和特写(见图5-37)。镜头运动指摄影机的移动,分为推、拉、摇、移等。焦距决定了画面的深度和清晰度,分为标准镜头、广角镜头、长焦镜头、变焦镜头等。影视作品通过镜头不同技巧的运用，为观众提供了丰富的视觉体验。如《卧虎藏龙》中长短镜头和景别的巧妙运用，使人物之间的情感纠葛及江湖故事跃然眼前。

图5-37 特写

（2）光影

光影是一种通过光线与阴影的对比和变化来营造氛围、表达情感、推进故事发展的影视艺术语言，包括照明、曝光、光影对比、光影特效等。照明直接关系到场景的氛围和视觉冲击力，分为自然光、人工光、轮廓光、背光等。曝光是调整影视画面亮度的过程，影响画面的细节、对比度和整体感觉。光影对比指光线与阴影之间的明暗对比，能够增强画面的立体感和深度。光影特效通过电脑生成图像技术创造出超现实的光影效果，如《盗梦空间》用光影的对比来区分梦境与现实世界。

（3）色彩

色彩具有设置时代背景、描绘角色性格、营造作品氛围、推进故事发展等作用，是一种非常重要的影视艺术语言。如《长安三万里》巧妙地利用"缇绯橙""霁青蓝""青古绿"等细腻的中国色将观众带入一个充满传统韵味的世界，领略中华优秀传统文化的独特魅力。

2. 声音

声音是影视艺术不可或缺的组成部分，与画面如影随形、相得益彰，极大地丰富了影视作品的表现力和感染力，可分为人声、音乐和音响三部分。

（1）人声

人声可以传递信息，揭示人物性格，表现情感变化，是构建故事情节的重要元素，包括对白、独白和旁白。对白指角色之间的对话；独白是人物对自己内心活动的表达；旁白在情感色彩上更为客观，通常以画外音的形式出现。如《海上钢琴师》开头部分以小号手麦克斯的旁白展开叙述，交代了故事发生的背景。

（2）音乐

影视音乐具有渲染画面氛围、抒发人物情感、暗示情节发展、奠定作品基调等作用，可分为画内音乐和画外音乐两种。画内音乐由画面中的声源提供，如《红高粱》中抬轿人所唱的《颠轿曲》；画外音乐的声源不出现在画面中，如《泰坦尼克号》的配乐《我心永恒》。

（3）音响

音响是影视作品中除了人声和音乐之外出现的自然界和人造环境中所有声音的统称。按技术可分为同期录音和拟音两种。按表现内容可分为动作音响、自然音响、机械音响、背景音响等。如《拯救大兵瑞恩》开头部分，士兵依次倒下的声音、耳边的枪声、滚滚的海浪声、激战的轰鸣声等极具震撼效果，描绘出了激烈而又真实的战斗场景。

3. 蒙太奇

蒙太奇原为建筑学领域用语，意为装配、构成。影视中的蒙太奇是指运用艺术手段和一定的技巧，将拍摄而成的多组素材，按照原定创作构思有机地组接起来，使其产生连贯、呼应、悬念、对比、暗示、联想等作用，从而形成一部完整的影视作品。按功能和目的，分为叙事蒙太奇和表现蒙太奇两类。

（1）叙事蒙太奇

叙事蒙太奇是以交代时间、讲述事件为主的一种蒙太奇，指按照情节发展的时间流程和逻辑顺序，对镜头、场面、段落进行分切和组合的一种剪辑手法，强调叙事性，包括平行蒙太奇、交叉蒙太奇、重复蒙太奇、连续蒙太奇等。如《一个国家的诞生》的"最后一分钟营救"，就是运用交叉蒙太奇手法将三组不同空间的镜头剪辑而成的，巧妙的交叉剪辑将激烈的营救场面酣畅淋漓地呈现给观众。

（2）表现蒙太奇

表现蒙太奇侧重表达某种寓意、揭示某种道理或渲染某种情绪，进而引发观众思考。表现蒙太奇以镜头对列为基础，通过相连或相叠镜头在形式或内容上相互对照、冲击，从而产生一种单独镜头本身所不具有的更为丰富的含义，强调表现性，包括抒情蒙太奇、心理蒙太奇、隐喻蒙太奇、对比蒙太奇等。如《我的父亲母亲》就是运用黑白与彩色的时空对比，凸显父亲与母亲纯美的爱情和青春。

奇妙的"库里肖夫效应"

库里肖夫效应源于20世纪20年代初期苏联电影导演列夫·库里肖夫开展的电影史上一个著名心理学实验。库里肖夫选取了俄国著名演员莫兹尤辛的一个无表情的特写镜头，将其分别与"一碗汤""一口安放死者的棺材""一个玩耍的小女孩"三个不同的场景镜头进行剪辑组合，呈现给观众。当特写镜头与汤组合时，观众感受到了莫兹尤辛的饥饿；与棺材组合时，感受到了他的悲伤；与小女孩组合时，又感受到了他的愉悦。

由此可见，不同画面的有机组合会给观众带来不同的情绪反应。这一实验揭示了蒙太奇神奇的心理效应，这一效应不仅应用于影视领域，还为我们提供了一种新的看待世界的视角和解决问题的方法。

二、总结与归纳：影视艺术的审美特征

作为最年轻的艺术种类，影视艺术吸收了音乐、戏曲等艺术的多种美学元素，具有独特的美学特征。

（一）综合性

影视艺术作为一门综合艺术，其综合性体现在三方面。一是技术与艺术的融合。从探索到诞生，从黑白变彩色，从无声变有声，再到数字影视的出现，科学技术的进步有效推动了影视艺术表现手段的更新丰富，提升了影视艺术的表现力。二是多种艺术的融合。影视艺术以摄影艺术的镜头、曝光等呈现画面，以绘画艺术的色彩、光影等设置背景，以音乐艺术的旋律、节奏等营造氛围，以舞蹈艺术的动作、韵律等塑造人物，以文学艺术的文字、结构等展开情节，几乎吸收了其他艺术的所有表现手段。三是美学层次的融合。影视艺术以摄影艺术的纪实性再现真实的生活，以绘画艺术的造型性创造精美的画面，以音乐艺术的抒情性表达美好的情感，汲取了各种艺术的审美特征。

	过程性指导
探究方法	1. 沉浸体验：欣赏经典影视作品《我和我的家乡》片段。 2. 小组探究：讨论片段中的"美"体现在哪些方面。 3. 师生总结：总结影视艺术的审美特征。
注意事项	运用画面、声音、蒙太奇等表现手段赏析作品，挖掘作品的审美特征。

（二）逼真性

与其他艺术相比，影视艺术能够最真实地再现生活，具有逼真性。以镜头捕捉现实世界的景象，用声音把真实的画面联动起来，通过演员的动作真实、情感真实体现角色的性格，表达人物的情感，呈现作品的主题，实现真实生活的完美呈现，让观众能够"身临其境"，获得更好的审美感受。随着科学技术的进步，影视艺术的画面清晰度越来越高，声音更加饱满立体，内容更加贴近生活原貌，表现手段愈加丰富多样，如《红海行动》《长津湖》等。此外，影视艺术还可以通过技术手段把虚拟世界逼真地展现在观众面前，如《流浪地球》《猩球崛起》等。

（三）运动性

影视艺术把时间艺术的延续性与空间艺术的广阔性合二为一，具有运动性，主要体现在拍摄对象的运动、摄像设备的运动、蒙太奇式的运动三方面。拍摄对象的运动指在一定时间、空间内，演员通过心理活动、语言表达、动作表演推动剧情发展。摄像设备的运动指借助景别、镜头运动、焦距等变化，创造动态的视觉效果，为观众提

供沉浸式体验。蒙太奇式的运动指以蒙太奇手法压缩或延长时间，重组或再造空间，把握影片节奏。如《罗拉快跑》中，快慢有致的镜头切换富有节奏感，表达了不同情境下的情绪波动，镜头切换的速度也反映了罗拉在不同环境中的角色定位。

三、沉浸式体验：影视作品欣赏

（一）经典电影欣赏

1. 世界电影欣赏

《肖申克的救赎》曾获得第67届奥斯卡金像奖中包括最佳影片在内的七项提名，核心主题是希望、救赎与自由。该片讲述青年银行家安迪蒙冤入狱，在历经妻子的不忠、律师的奸诈、法官的误判、狱警的凶暴等多种恶劣情况下，没有放弃希望、重获自由的故事。

《肖申克的救赎》由一明一暗两条叙事线构成，呈现了安迪的狱中生活及自我救赎的过程。片中瑞德的旁白贯穿始终，推动剧情发展。运用大量运动镜头和光影对比展现安迪的狱中生活，突出安迪坚韧不拔、不屈不挠的品质。运用多种蒙太奇手法展现主人公安迪的精神成长与自由追求，塑造了一部激励人心的电影。

2. 中国电影欣赏

《我和我的祖国》在中华人民共和国成立70周年之际上映，讲述了不同年代、不同背景下的普通人在不同时期与祖国共同成长的经历。通过《前夜》《相遇》《夺冠》《回归》《北京你好》《白昼流星》《护航》七个感人至深的故事，聚焦大时代事件下，普通人和国家之间的紧密联系，展现了家国情怀的深沉与伟大。

《我和我的祖国》融思想性与艺术性于一体。片头主题曲《我和我的祖国》与五星红旗迎风飘扬的画面结合，奠定了爱国主义基调，为后续爱国情感的升华打下了基础。片中镜头聚焦日常生活中普通个体的命运变迁，将七个宏大历史瞬间与普通人的喜怒哀乐紧密联结，以充沛的情感、动人的故事、严谨的镜头、鲜明的艺术语言欢庆祖国70年来的每一次成长、每一次进步。用"我"的故事、"我"的经历、"我"的感动向祖国表白，唤起了深刻的民族记忆。影片从立意到格局，都烙有非常清晰的"中国自信"印记，开启了主旋律献礼影片的全新形式。

（二）经典电视剧欣赏

《山海情》是一部展现中国移民精神、奋斗精神和创造精神的电视剧。该剧讲述了20世纪90年代，宁夏西海固地区的人们积极响应国家"吊庄移民"政策号召，在福建省的对口援助下完成搬迁，跨越重重困难，将荒凉的沙滩转变为富饶土地的感人故事。

该剧在影视语言的运用上展现了高超的艺术水平和浓厚的生活气息，以丰富的情感表达成功地塑造了一系列鲜明而真实的人物形象。方言的大量使用，使人物形象更加饱满立体，增强了地域文化特色。线性叙事与回忆插叙相结合，使故事层次分明，情节跌宕起伏，有效地构建了故事的深度和张力。细腻的镜头语言，展示了人物的内心变化。

整部剧通过讲述西海固地区从戈壁滩到金沙滩的变迁，展现了中国共产党领导下，人民群众自强不息、勤劳朴实的优秀品质和昂扬向上的精神力量。

（三）经典电视节目欣赏

《典籍里的中国》作为央视重点文化类创新节目，聚焦中华优秀文化典籍，以"文化访谈+戏剧+影视化"的方式，对典籍里蕴含的思想精华和传奇故事进行了情景化呈现、通俗化解读，让观众更深入地了解和感受到中华优秀传统文化的魅力。

节目采用戏剧化手法，通过时空对话，将典籍中的人物和当代读书人连接起来，给观众以强烈的代入感，引发共情。设置"历史空间"和"现实空间"两大舞台，通过两个舞台的交叉互动，以影视化手法演绎典籍里的历史故事，打破传统的文化节目形态，为观众带来全新的观看体验。综合运用环幕投屏、实时跟踪等高科技手段，增强了节目的观赏性和艺术感染力。

《典籍里的中国》成功地让典籍"活"了起来，为观众提供了独特的文化体验，同时也对传承和弘扬中华优秀传统文化起到积极的推动作用，展现了中国智慧、中国精神和中国价值。

课后创造升华——悟美之道

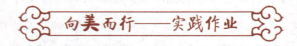

项目实践活动

活动描述

以"美好的一天"或"家乡的戏曲"为主题拍摄3~5分钟的微视频，要求大胆使用推、拉、摇、移等手法进行多景别拍摄，尝试运用蒙太奇手法进行故事化剪辑，表演自然真切，画面清晰流畅，内容积极向上。

任务实施

1. 学生自由分组，5~8人为一组，并填写实践活动记录表（见表5-2）。
2. 各小组在课堂演示，指导教师对演示情况进行评分。

表 5-2　实践活动记录表

专业：_____　　班级：_____　　小组：_____　　指导教师：_____

活动安排情况		活动完成情况		活动评价情况			
小组成员	活动分工	活动项目	活动内容	评价项目	评价内容	分值	得分
		微视频名称		知识、技能评价（70%）	紧扣主题，立意鲜明，积极健康	10	
		创意来源			内容丰富，富有创意，触动人心	10	
					剧情编排合理，表演自然真切且富有感染力	20	
		内容概况			画面清晰流畅，推、拉、摇、移等手法使用恰当，能够进行多景别拍摄	20	
		配乐		素养评价（30%）	尝试运用蒙太奇手法进行故事化剪辑	10	
		运镜方式			具备较强的创新能力和实践能力	10	
		剪辑手法			具有良好的团队精神和团队协作能力	10	
		拍摄情况			体现对美好生活的无限热爱，对家乡文化的传承保护	10	
				评价和建议		活动总分	

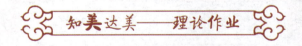
知美达美——理论作业

项目学习效果检测

基础型练习

一、填空题

1. （　　　），又名蒲州梆子，是梆子声腔最具代表性且产生较早的戏曲剧种。
2. 1905年，北京丰泰照相馆的老板任庆泰用卢米埃尔式拍摄法拍摄了中国第一部电影（　　　）。

二、选择题

1. 戏曲根据性别、人物、身份、表演技巧进行规范化分类，可分为"生（　　）净丑"四大行当。
   A. 手　　　　B. 眼　　　　C. 身　　　　D. 旦

2. （　　）使用"活动电影机"放映了《火车进站》《水浇园丁》《工厂大门》等几部记录真实生活的短片，拉开了电影艺术的序幕。
   A. 乔治·梅里爱　　B. 格里菲斯　　C. 威廉·保罗　　D. 卢米埃尔兄弟

三、简答题

1. 简述戏曲艺术的审美特征。
2. 简述影视艺术的表现手段。

拓展型练习

一、填空题

1. 戏曲的"四功"指的是唱、念、（　　）、打。
2. 1927年，世界第一部有声电影（　　）问世。

二、选择题

1. （　　），最早叫采茶戏、黄梅调，是江南一带的代表性剧种。
   A. 黄梅戏　　　B. 蒲剧　　　C. 越剧　　　D. 京剧

2. 1958年，第一部电视剧《一口菜饼子》在（　　）播出。
   A. 上海电视台　B. 北京电视台　C. 浙江电视台　D. 广东电视台

三、判断题

1. 京剧被誉为"百戏之祖"。（　　）
2. 影视艺术包括电影艺术和电视艺术。（　　）

四、简答题

1. 举例阐述戏曲表现手段中的"四功五法"。
2. 请根据电影艺术发展概况，举例说明电影艺术经历的三次技术革命。

习美评价——学习测评

项目学习评价标准

请根据项目学习评价标准表（见表 5-3）完成多元化评价。

表 5-3　项目学习评价标准表

学习目标	项目子任务	考核内容	评价等级 A	评价等级 B	评价等级 C	得分
知识目标和能力目标达成度	了解综合艺术的基础知识	能够阐述戏曲艺术、影视艺术的发展概况	5	4	3	
		能够举例说明戏曲艺术、影视艺术的分类	5	4	3	
		能够阐述戏曲艺术、影视艺术的表现手段	15	12	9	
	掌握综合艺术的审美特征	能够通过分析戏曲艺术和影视艺术语言，归纳作品的艺术特征	15	12	9	
		能够通过赏析戏曲艺术和影视艺术作品，探究作品的思想内涵	10	8	6	
		能够表达戏曲艺术和影视艺术的欣赏感受、丰富情感和生活体验	10	8	6	
素养目标达成度	开阔艺术视野，传播富有正能量的文化价值观，增强民族自信心和自豪感	提升审美情趣，丰富艺术体验，感受戏曲艺术的民族智慧和独特魅力，传承中华优秀传统文化，增强民族自信心和自豪感	20	16	12	
		开阔艺术视野，提升艺术品位，理解影视艺术的文化多样性，感受其在科技影响下带来的全新审美体验，传播富有正能量的文化价值观	20	16	12	
教师评语		总分（定量评价）				
专家点评		评定结果（定性评价）	□优秀　□合格	□良好　□不合格		

备注：
1. 本项目学习内容可结合学习目标，采用教师评价、学生自评、学生互评、专家点评等方式进行多元化评价。
2. 90~100 分为优秀；70~89 分为良好；60~69 分为合格；60 分以下为不合格。

项目六
情感与思想的交融碰撞
——语言艺术

项目引言

　　汉语是世界上古老的语言之一，拥有丰富的历史和文化底蕴，历经数千年的演变和发展，形成了独特的风格。而以其为载体的文学，通过文字和语言艺术来表达人类的喜怒哀乐、爱恨情愁，激发读者的想象力，创造出一个个生动的形象和神奇的世界，传达出丰富的思想和智慧，让读者在阅读的过程中获得深刻的启示和领悟，感受文学的独特魅力。

【学习目标】

知识目标
1. 了解诗歌、散文、小说的发展概况及分类。
2. 掌握诗歌、散文、小说的审美特征。

能力目标
1. 能够通过品读诗歌、散文、小说作品，归纳作品的艺术特征。
2. 能够通过赏析诗歌、散文、小说作品，探究作品的思想内涵。
3. 能够运用文学的表现手段表达自己的情感和生活体验。

素养目标
1. 丰富情感体验，提升文学艺术感悟力，提高艺术审美力。
2. 树立正确的审美观念，培养健康的审美情趣。
3. 厚植家国情怀，增强文化自信和民族自信，传承中华优秀传统文化。

【思维导图】

【任务清单】

完成一项学习任务后,请在表 6-1 对应处打钩。

表 6-1 任务完成情况记录表

任务阶段	任务名称	任务分解	完成情况	心得记录
课前准备	寻美之迹	准备学习用品,搜集不同时期诗歌、散文、小说的代表作家及作品		
		预习课本知识,形成对文学之美的初步印象		
课中探究	品美之韵	了解诗歌、散文、小说的发展概况及分类		
		掌握诗歌、散文、小说的审美特征		
		欣赏诗歌、散文、小说作品,体会诗歌"言有尽而意无穷"的深远意境,了解散文情景交融、寓情于景的创作手法,掌握小说入木三分、扣人心弦的叙事方法		
		通过赏析《炉中煤》《劝学》《百合花》等作品,感悟文学的独特魅力和思想内涵,激发对美好生活的追求和向往		
课后实践	悟美之道	与同学积极配合,参与课后"革命薪火代代传"实践活动,提高艺术表现能力、团队协作能力和人际交往能力		
		运用所学知识准确表现故事情节,表达思想情感。在阅读实践中获得思想升华,品味人生百态		

课前自主探究——寻美之迹

蒹葭

蒹葭苍苍，白露为霜。所谓伊人，在水一方。
溯洄从之，道阻且长。溯游从之，宛在水中央。

蒹葭萋萋，白露未晞。所谓伊人，在水之湄。
溯洄从之，道阻且跻。溯游从之，宛在水中坻。

蒹葭采采，白露未已。所谓伊人，在水之涘。
溯洄从之，道阻且右。溯游从之，宛在水中沚。

　　《蒹葭》是《诗经》中一首非常著名的抒情诗，描绘了主人公在深秋清晨长满芦苇的河畔，寻觅心中所爱的情景。全诗一唱三叹，以情景交融的手法，通过对自然景物和人物行迹的描绘，将景色与情感融为一体，营造出空灵凄婉的氛围，表达了对意中人的思念和追求，展现了主人公凄婉、惆怅的心境。

　　在情感表达上，主人公对意中人的思念和追求是全诗的主题，他虽知目标终不可达，幻象难以接近，仍不畏险阻，百般追寻。展现了古代人民对爱情的殷切向往和执着追求，对人生的深刻思考和真切感悟。

　　读这首诗，就像是在和一个真挚的朋友聊天，听他倾诉内心的痛苦和无奈。这就是文学的魅力，让我们走进文学的世界，借用文字的力量，去领略人类精神的浩瀚星空吧！

课中任务合作——品美之韵

任务一　感悟平仄和谐——诗歌之美

一、理解并掌握：诗歌的基础知识

　　诗歌是中华优秀传统文化的重要组成部分，承载着源远流长的历史文化。《诗经》、楚辞、乐府民歌、魏晋诗歌、唐诗、宋词、元曲，一脉相承，各具特色，无不流露出中华民族丰富的情感，无不蕴含着劳动人民无穷的智慧。

扫一扫

诗从远古来

（一）诗歌的发展概况

1. 先秦时期

先秦是中国诗歌的产生和发展期。早在公元前4000年左右的渔猎时代，我国先民就曾以"断竹，续竹，飞土，逐肉"（《弹歌》）描绘他们制作工具和射猎的过程。

探究方法	1. 组内分享：分享课前搜集的诗歌代表作家及作品。 2. 小组讨论：梳理各时期诗歌的代表人物及作品。 3. 导图制作：制作"中国古代诗歌"思维导图。
注意事项	找到关键点，厘清诗歌的发展脉络。

我国第一部诗歌总集——《诗经》，收录了西周初年到春秋中叶的305首诗歌，涵盖了政治经济、天文地理、风俗文艺等领域的内容，分为风、雅、颂三部分，善用赋、比、兴的表现手法，句式以四言为主，结构常用重章叠句，对后世诗歌发展产生了深远影响。

楚辞是中国诗歌发展史上的又一高峰，源自战国后期楚国的诗歌创作，也称"骚体诗"，如屈原的《离骚》，句式参差不齐，多用六言、七言，句中或句末常用"兮"字。楚辞的出现，标志着中国诗歌开始从民间集体歌唱向诗人独立创作发展。

2. 两汉时期

汉乐府是继《诗经》、楚辞之后的一种新诗体，句式以杂言、五言为主，擅长叙事，通俗易懂，极富生活气息。代表作《孔雀东南飞》被誉为"长诗之圣"，是一篇极具思想性和艺术性的长篇叙事诗。

东汉时期，四言诗逐渐被取代，出现新的诗歌形式——五言诗。东汉末年的《古诗十九首》，标志着文人五言诗的成熟，被誉为"五言之冠冕"。

3. 魏晋南北朝时期

汉末魏初，文人诗歌进入"五言腾踊"的大发展时期。"三曹""七子"等诗人的创作风格"慷慨而多气"，创造了"建安风骨"的辉煌。

魏晋时期，阮籍、嵇康承继"建安风骨"，进一步发展了五言古诗。西晋左思的《咏史》，开辟了咏史和咏怀相结合的新思路。东晋陶渊明的田园诗，着力描绘自然风光，歌颂宁静平和的田园生活，融情、融理于景，平淡醇美，对唐代山水田园诗派影响很大。

南朝谢灵运、谢朓的山水诗清新圆熟。鲍照的七言歌行体隔句押韵，为七言诗的发展做出了贡献。这一时期诗人对于形式和声律的追求，为唐代近体诗的定型和成熟做足了准备。

南北朝的乐府民歌开创了五言、七言绝体，成为唐诗的一种主要形式。南朝民歌清丽婉转，北朝民歌粗犷刚健。如北朝民歌《木兰诗》，刻画了代父从军的女性英雄形象，展现了女性的坚强和勇敢。

4. 唐代

唐代，诗歌发展迎来了一个璀璨的黄金时代。这一时期的诗歌，内容多姿多彩，形式丰富多样，名家层出不穷，流派异彩纷呈。保留下来的诗篇近5万首，这些诗歌作品不仅是中华民族的瑰宝，也是人类智慧的结晶，彰显了中华民族深厚的文化底蕴。

初唐时期，沈佺期、宋之问完成了五言、七言律诗的创造。"初唐四杰"上承汉魏风骨，改革齐梁浮艳诗风，内容上将诗歌从宫廷转向了民间，在诗歌形式和表现手法上大胆探索，推动了唐代诗歌格律体式的定型。陈子昂提倡"汉魏风骨"，痛斥"齐梁之风"，提出了诗歌革新的主张。张若虚则善用意象，讲究诗情画意，在营造意境上达到了很高的水平。

盛唐时期，唐诗的发展达到了辉煌。这一时期，诗坛呈现百花齐放、争奇斗艳的景象。根据内容和风格的不同，唐诗分为田园诗派和边塞诗派两大流派。田园诗派以孟浩然、王维为代表，王维的五言诗"诗中有画，画中有诗"，诗情、画意相互交融，创造出优美动人的意境；孟浩然的诗清新雅逸、平淡自然，营造出恬静优美的氛围。边塞诗派以王昌龄、高适、岑参为代表，诗歌或描写边塞的景物风俗，或刻画艰苦的军旅生活，或描述征人思妇的不幸境遇，悲壮浑厚，奇异峭拔。

我国古典诗歌中的"双子星座"李白和杜甫，以其卓越的才华和独特的风格，成为浪漫主义和现实主义的杰出代表。"诗仙"李白（见图6-1）擅长歌行体、乐府诗、五言绝句、七言绝句等多种诗歌形式，他的诗歌以描写祖国壮丽河山、抨击黑暗现实、蔑视权贵、反映个人理想和社会矛盾为主，追求个性自由，代表作有《蜀道难》《将进酒》等。"诗圣"杜甫的诗被称为"诗史"，以律诗写羁旅，以古体写时事，凝练质朴，沉郁顿挫，反映其仁民爱物、忧国忧民的情怀，代表作有"三吏""三别"等。

图6-1 李白

中唐时期，白居易和元稹等诗人，借鉴杜甫的风格，以批判现实为主旨，通过文学形式来宣传社会政治观念，内容追求写实，以通俗易懂的诗句创作乐府诗歌，后被称为"新乐府运动"。韩愈以散文化、议论化的笔法写诗，开"以文为诗"的风气。刘禹锡的怀古咏史诗、柳宗元的山水诗意境清新，独具特色。中晚唐之交，李贺高举浪漫主义旗帜，启迪了晚唐杜牧和李商隐的诗歌创作。

晚唐时期，杜牧、李商隐并称"小李杜"。杜牧擅长七言绝句，语言清丽、意境幽美，咏史怀古，表达忧国忧民之思，如《山行》；李商隐工于七言律诗，善用"比兴"手法，以咏史诗讽刺当时统治阶级的腐朽无能，如《马嵬》，又以爱情诗展现真挚深切的情感，如《无题》。

王维诗中的画意

王维既是诗人又是画家，从他的诗中总能感受到绘画的构图美、线条美、色彩美。如《山居秋暝》中"明月松间照，清泉石上流"，便呈现出秋天雨后初晴，绿色和白色交相辉映的景象。绿色代表山林和松树的盎然生机，白色代表月光和泉水的皎洁清澈，在色彩的映衬下，一幅清新淡雅的山水画便呈现于读者眼前，给人以灵动轻盈、柔美婉约之感。再如《使至塞上》中"大漠孤烟直，长河落日圆"，用"大漠""孤烟""长河""落日"等意象，以简洁立体的画面、苍凉壮阔的意境描绘了边塞的奇丽风光，兼具动态感与静态美。读他的诗，宛如在欣赏一幅美丽的画卷，感受到自然的美好和生命的灵动。

5. 宋代

宋代，词的发展达到鼎盛，艺术手段日趋成熟，题材更为开阔，既可诉说离情、歌咏爱情，又可咏物明志、咏史怀古，形成了婉约与豪放两大流派。

柳永是北宋第一位致力写词的大家，也是第一位对宋词进行全面革新的词人，擅长描写离愁别绪，艺术风格匠心独具，语言雅俗共赏，为婉约词的发展奠定了基础。苏轼（见图6-2）致力于打破诗和词的界限，以词怀古咏物、言志抒怀，扩大了词的题材，提高了词的意境，丰富了词的表现手法，对于豪放词派的形成产生了很大影响。

生活在南北宋交界时期的李清照，以其卓越的艺术成就，成为我国古代最优秀的女性词人。她的词意境深厚，柔丽凄婉。前期作品风格明丽清新、优美动人，南渡之后，将身世之感和家国之痛融入词作，风格低回惆怅、深哀入骨。

辛弃疾是南宋最伟大的爱国词人，他的词慷慨激昂，充满了对国家的热爱和对自由的追求，表达了自

图6-2 苏轼像

己的豪情壮志。风格上，他继承苏轼的豪放词风，并加以创新改造，使宋词在思想境界上达到了新高度，在表现手法上实现了新突破。

6. 元明清时期

元明清时期，随着小说、戏曲等叙事文学的兴起，诗歌逐渐走向衰落。与传统诗词相比，元代的散曲形式更为自由，语言更加活泼，代表作家有关汉卿、马致远等。明代中期，为反对以歌功颂德为目的的"台阁体"，"前七子""后七子"主张"文必秦汉，诗必盛唐"。而之后的"公安派""竟陵派"则提倡抒写性灵。清末的"诗界革命"，以黄遵宪、康有为、梁启超为代表的新派诗人革新了旧体诗的形式。词在清代出现中兴景象，著名词人纳兰性德，善作小令，擅长白描，以情取胜。

7. 现当代时期

新文化运动后，诗人开始尝试以白话文创作诗歌，反映现实生活，形式自由、内涵丰富。胡适的《尝试集》是中国现代诗歌史上第一部新诗集，郭沫若的《女神》引领了浪漫主义的诗风，闻一多的《红烛》《死水》饱含爱国激情，冰心的《繁星》《春水》情感真挚、兼容并蓄，臧克家的《烙印》语言质朴、凝重深沉，戴望舒的《雨巷》凄清惆怅、朦胧含蓄，艾青的《我爱这土地》着墨深沉、情感炙热……

五六十年代，闻捷的《吐鲁番情歌》、贺敬之的《回延安》、郭小川的《甘蔗林——青纱帐》等作品礼赞祖国，歌咏人民，产生了较大影响。七十年代末八十年代初，朦胧派诗人坚持凸显个体的生存价值，代表作有北岛的《回答》、舒婷的《致橡树》、顾城的《一代人》等。90年代后，在市场经济的浪潮之下，诗歌创作低迷，但韩东、于坚、伊沙等新生代诗人仍有一定的影响力，他们独特的创作风格、深刻的社会洞察力，为诗歌界注入了新的活力。

今天，随着社会的发展，诗歌创作趋向多元化。科技的进步和娱乐形式的多样化使得人们对文学作品的需求发生了巨大变化，当代诗歌面临读者群体缩小和市场萎缩等问题，但诗歌依然以其独特魅力在当代文学领域具有不可替代的地位。

思政之美

诗句中的爱国情

长太息以掩涕兮，哀民生之多艰。

——先秦·屈原《离骚》

捐躯赴国难，视死忽如归。

——魏晋·曹植《白马篇》

剑外忽传收蓟北，初闻涕泪满衣裳。

——唐·杜甫《闻官军收河南河北》

王师北定中原日，家祭无忘告乃翁。

——宋·陆游《示儿》

> 人生自古谁无死，留取丹心照汗青。
>
> ——宋·文天祥《过零丁洋》
>
> 位卑未敢忘忧国，事定犹须待阖棺。
>
> ——宋·陆游《病起书怀》
>
> 苟利国家生死以，岂因祸福避趋之。
>
> ——清·林则徐《赴戍登程口占示家人》（其二）

（二）诗歌的分类

1. 古体诗

古体诗是相对于近体诗而言，形式较为自由，不受格律约束，不限句式长短的一种诗体，分为四言诗、五言诗、七言诗和杂言诗。

其中，五言古体诗和七言古体诗在古代诗歌中占据重要地位，被广泛称为"五古""七古"。五言古体诗最早出现在汉代，如《古诗十九首》就是一部收录了众多五言古诗的经典之作。白居易的《琵琶行》则是七言古诗的佳作。杂言诗常常兼杂三、四、五、七言，但因大多以七言为主，一般将其归为"七古"，如李白的《将进酒》就是以七言为主，夹杂三、五言的杂言诗。

2. 近体诗

近体诗，也称格律诗，是一种讲究平仄、对仗和押韵的诗体，是律诗和绝句的通称。近体诗形成于齐、梁，成熟发展于唐代。

绝句是五言或七言的短诗，通常只有四句，每句五个字或七个字，如孟浩然的《春晓》是五言绝句，杜牧的《山行》是七言绝句。律诗为八句，每句五个字或七个字，而且有一定的韵律和节奏，如王维的《山居秋暝》是五言律诗，刘禹锡的《酬乐天扬州初逢席上见赠》是七言律诗。

近体诗的韵律规则十分严格，如律诗中，一、二句为首联，三、四句为颔联，五、六句为颈联，七、八句为尾联。其中颔联和颈联须对仗，首联和尾联不强作要求。二、四、六、八句必须押韵，首句可押可不押。

3. 乐府诗

"乐府"一词，最初指官方设立的采集民歌的机构。汉代把乐府从民间采集和保存下来的诗歌称为"汉乐府"。魏晋南北朝时期把具有音乐性的、能够配乐歌唱的新诗体称为"乐府"，把文人模仿这种形式创作的诗称为"乐府诗"。

汉乐府采用叙事写法，语言通俗，贴近生活，人物刻画细致入微。如《孔雀东南飞》就通过通俗、个性的人物对话刻画了刘兰芝这一光辉的女性形象。

新乐府是一种用新题写时事的乐府诗，继承汉乐府"感于哀乐，缘事而发"的传统，极具现实主义精神，代表作有白居易的《卖炭翁》等。

释疑解惑

对仗与平仄

对仗，即对偶，是把字数相等、结构相同的两个句子放在一起，上句称为出句，下句称为对句。出句和对句对应位置上的词，要求词性相同、词义相对、形式相衬、内容互补。律诗的对仗甚至要求出句和对句的平仄相对，如"沉舟侧畔千帆过，病树前头万木春"的平仄为"平平仄仄平平仄，仄仄平平仄仄平"。

平仄，主要针对古代汉语的四声而言。古代汉语中的四个声调分别是平声、上声、去声和入声。诗歌声律中所说的平仄，"平"就是平声，对应现代汉语的阴平、阳平；"仄"则包括上声、去声、入声三个声调，对应现代汉语的上声和去声。

4. 词

词，也称曲子词或长短句，是一种配乐填写的诗歌形式，兴起于唐代，宋代达到全盛。每首词都有一个"词牌"，代表词的形式，词牌不同，词的句数、句中字数、平仄都不相同，常见的词牌有"水调歌头""沁园春"等。宋代词人为了更好地传达主题，会在词牌后面添加题目，词牌与题目间用"·"隔开，如苏轼的《水调歌头·明月几时有》。

根据字数，词可以分为小令、中调和长调。58字以内为小令，59字到90字为中调，91字以上为长调。根据结构，只有一段的称"单调"；两段的为"双调"，称"上片""下片"或"上阕""下阕"；三段或四段的称"三叠"或"四叠"。

5. 散曲

散曲是元代一种依据曲调而写的唱词，体制与词很相近，是一种广义的诗歌。与诗词相比，更具有广泛性和叙事性。语言通俗浅显，接近口语，不避俗语方言。另外，和词相比，句式更为丰富多样，有一、二字成句的，也有二三十字为一句的。

6. 新诗

新诗以自由体诗为主，不拘泥于格律和音韵，注重节奏和韵律。在形式上，新诗对于段数、行数、字数也无固定限制。郭沫若的《女神》是新诗真正取代旧诗的标志。新文化运动后涌现出朱自清、冰心、闻一多、徐志摩、戴望舒、艾青等著名诗人。新中国成立后涌现出郭小川、贺敬之、臧克家、舒婷、顾城等优秀诗人。

二、总结与归纳：诗歌的审美特征

（一）凝练美

文学体裁的共同特点在于能够集中概括地反映社会生活，而诗歌的概括性更强，往往可以"以片言明百义"，展现出言简而意深的艺术境界。为了追求这种境界，诗人通常会选择高度凝练和形象的语言表达广泛而深刻的内容。因此，诗人十分注重用字的选择，力求达到"着一字而境界全出"的效果。如陈子昂的《登幽州台歌》仅用22个字就抒发了诗人孤独悲观的复杂情感，毛泽东的《七律·长征》仅8句56个字，便生动地描绘了长征途中红军战士的英勇形象。

	过程性指导
探究方法	1. 视频欣赏：欣赏《诗画中国》视频片段。 2. 小组讨论：朗诵诗歌，讨论诗词之美。 3. 上台展示：小组代表朗诵展示。
注意事项	朗诵时注重韵律，表达出诗词之美。

（二）意境美

意境是诗人将自己的主观情思与客观景物融为一体而创造出的一种情景交融的艺术空间，体现虚实相生、境意相谐的审美特征。其中，"境"是诗人描绘的景物和画面，"意"是蕴含其中的思想和情感。美的意境能激发读者的想象和联想，使其身临其境，感同身受。如柳永的《八声甘州·对潇潇暮雨洒江天》以"暮雨""霜风"营造了昏暗凄冷的氛围，以"红衰翠减""物华休"传达出萧索衰败的感受，以"江天""关河""长江水"描绘了空旷渺远的场景，让人体会到了渺远萧瑟、孤寂凄怆的意境。

（三）音乐美

郭沫若说："节奏之于诗，是她的外形，也是她的生命。"诗歌使用有韵律的语言，运用平仄、双声、叠韵等方式，通过声调、音色的转换和节奏的变化，形成了诗歌的音乐美。如毛泽东《七律·长征》"金沙水拍云崖暖，大渡桥横铁索寒"，两句的平仄规律是"平平仄仄平平仄，仄仄平平仄仄平"，两个字一个节奏，平仄交替，具有音乐美。

三、探究与表达：诗歌作品欣赏

（一）古体诗欣赏

上邪

上邪！
我欲与君相知，长命无绝衰。
山无陵，江水为竭，冬雷震震，夏雨雪，天地合，乃敢与君绝！

这是一首感情真挚的情歌，描写了一位姑娘的爱情誓言，被誉为短章中的神品。通过列举自然界并不存在的五种现象，表达了对所爱男子的真挚情感。出人意料的逆向思维，表现了女子的勇敢和对爱情的坚贞。

（二）唐诗欣赏

登高
唐·杜甫

风急天高猿啸哀，渚清沙白鸟飞回。
无边落木萧萧下，不尽长江滚滚来。
万里悲秋常作客，百年多病独登台。
艰难苦恨繁霜鬓，潦倒新停浊酒杯。

《登高》是一首七言律诗，通过描绘作者登高远望所见的景致，抒发对自然万物、社会人生的深刻感悟。

首联、颔联写景。首联以"风急天高"写形、"猿啸哀"写声、"渚清沙白"写色、"鸟飞回"写态，描绘了秋季江边空旷的景致；颔联极目远眺，渲染秋天的气氛，以"落木萧萧""长江滚滚"营造出空旷寂寥的意境，抒发了壮志难酬的感慨之情，展现了羁旅漂泊的悲凉心境。颈联、尾联抒情。颈联以"万里"写空间，"百年"写时间，从常年漂泊写到多病残年；尾联以"艰难""潦倒"感叹时世艰难，以"繁霜鬓""浊酒杯"的自我形象收束，抒发了穷困潦倒、漂泊他乡的悲哀之情。

整首诗从自然之秋写到人生之秋，表达出诗人壮志难酬的苦闷和忧国伤时的感慨。

（三）宋词欣赏

八声甘州
宋·柳永

对潇潇暮雨洒江天，一番洗清秋。渐霜风凄紧，关河冷落，残照当楼。是处红衰翠减，苒苒物华休。惟有长江水，无语东流。
不忍登高临远，望故乡渺邈，归思难收。叹年来踪迹，何事苦淹留？想佳人，妆楼颙望，误几回，天际识归舟。争知我，倚阑干处，正恁凝愁！

读清词妙句，品词境意韵

这首词是柳永的代表作之一，抒发了浓郁的思乡之情。词中生动地描绘了人生漂泊的悲苦和思乡怀人的凄凉,将自然的秋意与内心的哀愁紧紧结合在一起,淋漓尽致地展现出凄恻悲伤的别离之情。

上阕从高到低、由远及近描写登高所见,通过细腻的铺叙,将大自然的秋意和内心的哀愁完美地结合在一起,营造出深沉的悲伤气氛。下阕以"不忍"句转入,表达了漂泊江湖、思乡难归的矛盾与纠结。

整首词以铺叙为主,通过白描手法和通俗易懂的语言,表达了强烈的思归情绪,成为传颂千古的名篇。

(四)现代诗欣赏

炉中煤

郭沫若

啊,我年青的女郎!
我不辜负你的殷勤,
你也不要辜负了我的思量。
我为我心爱的人儿,
燃到了这般模样!

啊,我年青的女郎!
你该知道了我的前身?
你该不嫌我黑奴卤莽?
要我这黑奴的胸中,
才有火一样的心肠。

啊,我年青的女郎!
我想我的前身,
原本是有用的栋梁,
我活埋在地底多年,
到今朝总得重见天光。

啊,我年青的女郎!
我自从重见天光,
我常常思念我的故乡,
我为我心爱的人儿,
燃到了这般模样!

这首诗选自郭沫若的诗集《女神》，是一首表达对祖国眷念之情的现代诗。

诗人运用比喻和拟人的手法，托物言志，抒写了对祖国的无限热爱。诗歌将新生的中国比喻为"年青的女郎"，充满生气与活力；将"炉中煤"拟人化，使其具有人的思念、倾诉与爱恋之情，这种生动的表达方式，突显了对祖国的热爱之情和献身之志。全诗共四节，每节五行，形式规整、音韵和谐。每节一、三、五行押韵，一韵到底，以"啊，我年青的女郎"开头，反复咏叹，具有回环往复的音乐美。

全诗虽无"爱国"字眼，却如炉中煤熊熊燃烧般将一颗爱国之心捧于身前，诉说着对祖国的无限衷肠。

任务二　漫谈文辞妙语——散文之美

一、理解并掌握：散文的基础知识

散文，犹如万花筒，用独特的视角和灵活的笔触，展现作者对生活、自然、人生的独到观察和深入思考，既能表达作者的情感和思想，又能激发读者的共鸣和感悟。

（一）散文的发展概况

1. 先秦时期

先秦散文分为历史散文和诸子散文两类。

历史散文中，夏朝到春秋时期的《尚书》记言，《春秋》记事。春秋末期到战国初期的《左传》善于描写战争，《国语》记言多、叙事少。战国中后期的《战国策》擅长记事，常用比喻和寓言增强说服力，是一部优秀的散文集。

诸子散文中，春秋战国之交的《论语》是纯语录体，《墨子》以语录体为主，且论辩色彩浓郁。战国中期的《孟子》基本是语录体，却极富论辩性，《庄子》善用寓言和比喻，此时的散文开始向专题论文过渡。战国后期的《荀子》和《韩非子》，篇幅变长，论证严密，讲究文采。

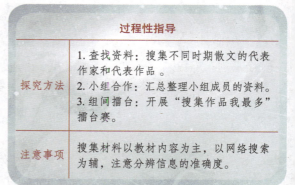

	过程性指导
探究方法	1. 查找资料：搜集不同时期散文的代表作家和代表作品。 2. 小组合作：汇总整理小组成员的资料。 3. 组间擂台：开展"搜集作品我最多"擂台赛。
注意事项	搜集材料以教材内容为主，以网络搜索为辅，注意分辨信息的准确度。

扫一扫

散文的足迹

《论语》中的"孝"

子曰:"弟子入则孝,出则悌,谨而信,泛爱众,而亲仁。行有余力,则以学文。"

——《论语·学而》

孟武伯问孝,子曰:"父母唯其疾之忧。"

——《论语·为政》

子夏曰:"贤贤易色;事父母,能竭其力;事君,能致其身;与朋友交,言而有信。虽曰未学,吾必谓之学矣。"

——《论语·学而》

子游问孝。子曰:"今之孝者,是谓能养。至于犬马,皆能有养;不敬,何以别乎?"

——《论语·为政》

子曰:"事父母几谏,见志不从,又敬不违,劳而不怨。"

——《论语·里仁》

"孔子论孝"的表现手段

2. 秦汉时期

秦代李斯的《谏逐客书》是一篇颇具文学色彩的议论文。

汉代散文主要有政论散文和历史散文两类。政论散文的代表作家有贾谊、晁错等,他们以务实的精神针砭时政,提出深刻的政治主张,代表作有贾谊的《过秦论》等。司马迁的《史记》代表历史散文的最高成就,开创了传记文学的先河,分十二本纪、八书、十表、三十世家、七十列传五个部分,书写了我国从黄帝到汉武帝时期3000多年的历史,鲁迅称之为"史家之绝唱,无韵之离骚"。

3. 魏晋南北朝时期

魏晋南北朝时期,散文继承先秦两汉的传统,重视情感的抒写、思理的辨析、语言的华丽、声韵的和谐,呈现出崭新的风貌。这一时期,散文体裁多样,代表作有陶渊明的《桃花源记》、郦道元的《水经注》等。此时还出现了曹丕的《典论·论文》、陆机的《文赋》、刘勰的《文心雕龙》等文学理论著作。

4. 唐宋时期

唐代,韩愈第一次提出了"古文"的概念,用以指承继先秦两汉,奇句单行的散文。韩愈及其追随者积极倡导此种文体,后获得柳宗元的大力支持,由此掀起"古文运动"。韩愈的《师说》《张中丞传后叙》,柳宗元的《三戒》《永州八记》都是这一时期的佳作。

北宋诗文革新运动,继承唐代"古文运动"的精神,影响了明清的古文创作,强调文学的现实意义。欧阳修主张平实朴素,王安石言辞犀利,苏轼散文体裁多样、自由挥洒，代表了诗文革新运动的最高成就。

在"古文运动"和"诗文革新运动"的推动下，唐宋散文空前发展，涌现出"唐宋八大家"以及《祭十二郎文》《答司马谏议书》等优秀的散文作品。

唐宋八大家

"唐宋八大家"是唐代和宋代八位散文大家的合称，分别为唐代的韩愈、柳宗元和宋代的欧阳修、苏洵、苏轼、苏辙、王安石、曾巩。其中，苏洵和他的儿子苏轼、苏辙并称"三苏"。"唐宋八大家"的散文叙事抒情并重，平易简洁，思想深邃，开辟了散文的新天地，推动了散文的繁荣与发展。

5. 明清时期

明代初期，宋濂的传记文精练细致，如《王冕传》；刘基的寓言体散文论理深刻，如《卖柑者言》；方孝孺的政论文深邃雄迈，如《读陈同甫上宋孝宗四书》。明代中期，"前七子""后七子"提出"复古"的主张，发起"拟古运动"，但盲目尊古，少有佳作。明代后期，李贽、袁宏道等人提倡写真情、抒真意，风格清丽。

清代初期，黄宗羲、顾炎武等人的作品强调文章的社会功能。中期的"桐城派"讲究文章的思想内容和章法结构，代表人物有方苞、姚鼐等。清代后期，龚自珍、魏源提倡"经世致用"，打破陈规，开创了近代散文的先河。

6. 现当代时期

新文化运动后，涌现出一大批散文大家。朱自清的散文纯正朴素，鲁迅的杂文文辞犀利，林语堂的小品文幽默闲适。此外，冰心、郭沫若、郁达夫、沈从文、萧乾、卞之琳的散文也各具风格。

中华人民共和国成立后，散文领域涌现出大量杰作，如刘白羽的《长江三日》、冰心的《樱花赞》、巴金的《随想录》等。此外，报告文学也迅速崭露头角，如徐迟的《哥德巴赫猜想》、黄宗英的《大雁情》等。进入20世纪90年代，许多学者、诗人和小说家开始涉足散文创作，进一步提升了散文的知识内涵和艺术品位。其中，余秋雨等人在个人创作的基础上，融入对文化和人生哲理的思考，形成了"文化散文"或"大散文"，他的《文化苦旅》在当时引起了广泛关注和热烈反响。

（二）散文的分类

1. 写人叙事散文

写人叙事散文以记人叙事为主，侧重于从描写人物、叙述事件中表现作者的认识和感受。这类散文写人时，以人物为中心，善于通过某些生活片段、细节描写以及人物最突出的性格特征表现人物的精神风貌，如《苏武传》。叙事时，可以是一个相对完整的小故事，也可以是片段的组接或特定场景的描写，但一般侧重选择某一曲折有致、富有情趣和内涵的场景，如《垓下之围》。

2. 写景状物散文

写景状物散文以写景状物为主，通过描绘壮丽山川、古朴建筑等特定景物，表现自然神韵，传达内心情感、人生理想和生活情趣。作者通过笔下描绘的景物之美，激发读者的共鸣，引发思考和感悟，抒发情感与思想，如《小石潭记》。

3. 议论说理散文

议论说理散文以议论说理为主，具有抒情性、形象性和哲理性的特点，以记叙、抒情、说理等方式来表达自己的观点，讲哲理，论道理，理中含情，情中有理，意蕴深广，给人以哲理启示和情感熏陶，如《读书与书籍》。

4. 抒情写意散文

抒情写意散文以抒发情感为主，注重表现作者的思想感受，或直抒胸臆，或触景生情，带领读者进入一个充满诗情画意的世界。在这个世界里，作者用细腻的笔触描绘出内心的波澜壮阔，将情感表现得淋漓尽致，使读者感受到强烈的情感冲击，如《听听那冷雨》。

5. 文化散文

文化散文以观照文化为主，侧重于对历史文化、地域文化、民族文化的研究和探讨，具有深厚的历史文化底蕴，能够反映一个地区的文化风貌和文化传统。这些散文不仅具有丰富的文化内涵，还常常通过优美的文字、细腻的描绘和深入的思考，展现出地域文化的独特魅力和民族文化的丰富多样，如《文化苦旅》。

二、总结与归纳：散文的审美特征

（一）真实美

在散文的创作过程中，作家往往借助自己的想象力和艺术技巧，将形象化的描写和个性化的体验融入作品。与诗歌、小说等其他文学形式相比，散文在表现内容上更加注重作品的真实美。

探寻形之美，体悟神之韵

作家吴伯箫曾说："说真话，叙事实，写实物、实情，这仿佛是散文的传统，古代散文是这样，现代散文也是这样。"这种真实的美正是散文的生命力所在。如读《苏武传》时，我们会被苏武不畏强暴、宁死不屈的民族气节所感染，感受到一种独特的魅力，这种魅力正是来源于内容的真实。

散文的真实美不仅体现在对现实生活的描绘上，还体现在对情感思想的表达上。作家可以把自己的亲身经历和感受通过散文真实传达给读者，这种真实美使散文具有其他文体所不具备的独特魅力。

（二）自由美

散文之精髓在于"散"。一个"散"字，与其他文学形式相比，表现出极为灵活的文学特点，具有自由美。

作家梁实秋指出，"散文是没有一定的格式的，是最自由的"。作者看似随意挥毫，信手拈来，毫无章法可言，但这并不意味着散文可以随意乱写，它仍需讲究立意与构思、章法与布局。尽管散文不像诗歌要求对仗和押韵，不像小说讲究情节的吸引力，也不像戏剧强调人物语言的动作性，但其形式之灵活、表达方式之多样，却是其他文体无法比拟的。如诸子散文《论语》、历史散文《郑伯克段于鄢》、文论散文《人间词话》等，无一不是形式多样、文学欣赏价值极高的散文佳作。

散文的结构没有固定的模式，篇幅字数也没有过多的限制，句子行文自由、不拘一格，既展示了自由美的独特魅力，又赋予了我们自由遐想的无限空间。

（三）生动美

散文语言本色自然，贴近生活，然而作为一种文学艺术形式，仍要强调文学性，讲究生动美。因此，在表达上，散文语言叙事应具生活气息，抒情应感人至深，议论应富有哲理，体现出鲜明的生动美，即使在表现抽象的哲理时，也妙趣横生、优美动人，如《庄子》中"庄周梦蝶"的故事就运用生动的语言诠释了深刻的哲理。

散文的生动美，使其能充分展现出不同作家的艺术个性。在古代散文中，秦文雄奇、汉文醇厚、"韩如海""柳如泉""苏如潮""欧如澜"。在现代散文中，胡适的文风浅近生动，巴金的语言朴实自然，老舍的笔触活泼风趣，朱光潜的行文准确严谨，余光中的作品清新优美。他们的风格各具特色，丰富并拓宽了散文的表现形式，为读者提供了更为广阔的欣赏空间。

三、探究与表达：散文作品欣赏

（一）诸子散文欣赏

劝学（节选）
《荀子》

君子曰：学不可以已。

青，取之于蓝，而青于蓝；冰，水为之，而寒于水。木直中绳，輮以为轮，其曲中规。虽有槁暴，不复挺者，輮使之然也。故木受绳则直，金就砺则利，君子博学而日参省乎己，则知明而行无过矣。

吾尝终日而思矣，不如须臾之所学也；吾尝跂而望矣，不如登高之博见也。登高而招，臂非加长也，而见者远；顺风而呼，声非加疾也，而闻者彰。假舆马者，非利足也，而致千里；假舟楫者，非能水也，而绝江河。君子生非异也，善假于物也。

积土成山，风雨兴焉；积水成渊，蛟龙生焉；积善成德，而神明自得，圣心备焉。故不积跬步，无以至千里；不积小流，无以成江海。骐骥一跃，不能十步；驽马十驾，功在不舍。锲而舍之，朽木不折；锲而不舍，金石可镂。蚓无爪牙之利，筋骨之强，上食埃土，下饮黄泉，用心一也。蟹六跪而二螯，非蛇鳝之穴无可寄托者，用心躁也。

《劝学》是《荀子》的首篇。散文开宗明义，提出了中心论点"学不可以已"，接着使用多个比喻，说明学习的作用和重要性。最后，连用四个比喻，正反设喻，将深奥的道理浅显化，阐明学习要有坚持不懈、专心致志的精神。

散文在巧妙运用比喻的同时，还使用了排比、对偶、对比等修辞手法，增强了文章的表现力和感染力，给人以强烈的视觉感受和情感冲击，产生情感共鸣。

（二）写景状物散文欣赏

至小丘西小石潭记
宋·柳宗元

从小丘西行百二十步，隔篁竹，闻水声，如鸣珮环，心乐之。伐竹取道，下见小潭，水尤清冽。全石以为底，近岸，卷石底以出，为坻，为屿，为嵁，为岩。青树翠蔓，蒙络摇缀，参差披拂。

潭中鱼可百许头，皆若空游无所依。日光下澈，影布石上，佁然不动，俶尔远逝，往来翕忽，似与游者相乐。

潭西南而望，斗折蛇行，明灭可见。其岸势犬牙差互，不可知其源。坐潭上，四面竹树环合，寂寥无人，凄神寒骨，悄怆幽邃。以其境过清，不可久居，乃记之而去。

同游者：吴武陵，龚古，余弟宗玄。隶而从者，崔氏二小生，曰恕己，曰奉壹。

这是柳宗元著名的山水游记《永州八记》的第四篇，寓情于景，文质精美。读这篇散文，如同在欣赏一段绝佳的山水风光短片，作者如一位高明的导演，以细致入微的笔端，用移步换景的方法，让我们循着水声找到石潭，一睹其风采。又用特写镜头，描写了潭中鱼儿动静相衬、怡然自得的景象。之后变焦，巧用比喻，远写小溪及周边景色，以"静"收束。

项目六 情感与思想的交融碰撞——语言艺术

散文明似写景，实则写心。以小石潭的幽情静美，衬托作者的凄清失落，寓情于景，情景交融，表现出作者改革失败、被贬永州的抑郁凄苦之情。

（三）抒情写意散文欣赏

听听那冷雨（节选）

余光中

惊蛰一过，春寒加剧。先是料料峭峭，继而雨季开始，时而淋淋漓漓，时而淅淅沥沥，天潮潮地湿湿，即使在梦里，也似乎把伞撑着。而就凭一把伞，躲过一阵潇潇的冷雨，也躲不过整个雨季。连思想也都是潮润润的。每天回家，曲折穿过金门街到厦门街迷宫式的长巷短巷，雨里风里，走入霏霏令人更想入非非。想这样子的台北凄凄切切完全是黑白片的味道，想整个中国整部中国的历史无非是一张黑白片子，片头到片尾，一直是这样下着雨的。这种感觉，不知道是不是从安东尼奥尼那里来的。不过那一块土地是久违了，二十五年，四分之一的世纪，即使是雨，也隔着千山万山，千伞万伞。二十五年，一切都断了，只有气候，只有气象报告还牵连在一起。大寒流从那块土地上弥天卷来，这种酷冷吾与古大陆分担。不能扑进她怀里，被她的裾边扫一扫吧，也算是安慰孺慕之情。

这样想时，严寒里竟有一点温暖的感觉了。这样想时，他希望这些狭长的巷子永远延伸下去，他的思路也可以延伸下去，不是金门街到厦门街，而是金门到厦门。他是厦门人，至少是广义的厦门人，二十年来，不住在厦门，住在厦门街，算是嘲弄吧，也算是安慰。不过说到广义，他同样也是广义的江南人，常州人，南京人，川娃儿，五陵少年。杏花春雨江南，那是他的少年时代了。再过半个月就是清明。安东尼奥尼的镜头摇过去，摇过去又摇过来。残山剩水犹如是，皇天后土犹如是，纭纭黔首纷纷黎民从北到南犹如是。那里面是中国吗？那里面当然还是中国，永远是中国。只是杏花春雨已不再，牧童遥指已不再，剑门细雨渭城轻尘也都已不再。然而他日思夜梦的那片土地，究竟在哪里呢？

在报纸的头条标题里吗？还是香港的谣言里？还是傅聪的黑键白键马思聪的跳弓拨弦？还是安东尼奥尼的镜底勒马洲的望中？还是呢，故宫博物院的壁头和玻璃橱内，京戏的锣鼓声中太白和东坡的韵里？

杏花。春雨。江南。六个方块字，或许那片土就在那里面。而无论赤县也好神州也好中国也好，变来变去，只要仓颉的灵感不灭，美丽的中文不老，那形象，那磁石一般的向心力当必然长在。因为一个方块字是一个天地。太初有字，于是汉族的心灵，祖先的回忆和希望便有了寄托。譬如凭空写一个"雨"字，点点滴滴，滂滂沱沱，淅沥淅沥淅沥，一切云情雨意，就宛然其中了。视觉上的这种美感，岂是什么rain也好pluie也好所能满足？翻开一部《辞源》或《辞海》，金木水火土，各成世界,而一入"雨"部,古神州的天颜千变万化,便悉在望中。美丽的霜雪云霞,骇人的雷电霹雳,展露的无非是神的好脾气与坏脾气,气象台百读不厌门外汉百思不解的百科全书。

听听,那冷雨。看看,那冷雨。嗅嗅闻闻,那冷雨。舔舔吧,那冷雨。雨在他的伞上,这城市百万人的伞上,雨衣上,屋上,天线上。雨下在基隆港,在防波堤,在海峡的船上,清明这季雨。雨是女性,应该最富于感性。雨气空蒙而迷幻,细细嗅嗅,清清爽爽新新,有一点点薄荷的香味,浓的时候,竟发出草和树沐发后特有的淡淡土腥气,也许那竟是蚯蚓和蜗牛的腥气吧,毕竟是惊蛰了啊。也许地上的地下的生命,也许古中国层层叠叠的记忆皆蠢蠢而蠕,也许是植物的潜意识和梦吧,那腥气。

这是一篇极富诗情画意的散文,作者以"听雨"为线索,抚今追昔,抒发了游子远离故土的思乡之情。在叙述角度上,采用第三人称的写法,将主人公融入景物之中,形成一种"人在画中"的特殊美感。在语言上,大量使用叠字、叠词和叠句,句式短句长句结合,错落有致,营造出回环往复、连绵不绝的诗意效果。同时,拟人、比喻、排比、对偶等大量修辞手法的运用,极大地增强了文章的感染力。

任务三　饱览世间清欢——小说之美

一、理解并掌握：小说的基础知识

小说是一种以塑造人物形象为中心,通过完整的故事情节、具体的环境描写反映社会生活的文学体裁,在文学领域占据重要地位,具有广泛的影响力,包括人物、情节、环境三个要素。

（一）小说的发展概况

1. 先秦两汉时期

这一时期是小说的萌芽期。远古神话传说和先秦寓言故事都孕育着小说的诸多元素。远古神话传说虽是口头创作,但已有简单的故事情节和个性鲜明的人物形象,如《精卫填海》（见图6-3）和《夸父逐日》等。先秦散文《庄子》《列子》《韩非子》等诸多篇章包含了许多寓言故事,广泛的题材、丰富的内容、精悍的情节、巧妙的构思对小说的形成产生了很大影响。

扫一扫

探寻小说的踪迹

图 6-3　精卫填海

2. 魏晋南北朝时期

这一时期是小说的雏形期。此时的志人、志怪小说并不是真正意义上的小说，只是小说的雏形，以文言短篇为主。"志人小说"主要记载人物的言谈举止和逸闻琐事，如南朝刘义庆的《世说新语》。"志怪小说"主要记录神灵鬼怪，反映当时社会的黑暗、统治者的暴虐以及人民的反抗，如东晋干宝的《搜神记》。这一时期的小说在艺术上尚未完全成熟，但对后世小说影响深远。

3. 唐代

这一时期是小说的成熟期，出现了成熟的小说形式——传奇。唐代传奇作家开始有意识地创作小说，题材逐渐涉及现实生活，内容包括讽刺封建士子沉迷仕途、表现青年男女追求爱情、揭露统治阶级昏庸无能等。这一时期的小说篇幅增长，艺术形式更加成熟，部分作品还塑造了鲜明生动的人物形象。代表作有蒋防的《霍小玉传》、元稹的《莺莺传》、沈既济的《枕中记》等。

4. 宋元时期

这一时期是小说的发展期。宋代话本小说的出现是"小说史上的一大变迁"。白话小说成为小说的主要形式，自此中国古代小说出现了文言与白话并行的局面，开创了中国文学语言发展的新阶段。宋元话本小说用白话描写社会生活、演绎悲欢离合、表现喜怒哀乐，情节更加曲折、人物更加细腻，为后世的小说创作提供了宝贵的经验。代表作品有描写爱情的《碾玉观音》和表现判案的《错斩崔宁》等。

5. 明清时期

这一时期是小说的鼎盛期。明代，白话小说得到空前发展，出现了文人模仿话本创作的短篇小说——"拟话本"，其中以冯梦龙的"三言"和凌濛初的"二拍"最为引人瞩目。还出现了长篇章回体小说，如罗贯中的《三国演义》、吴承恩的《西游记》和施耐庵的《水浒传》等。这些作品通过丰富的人物形象、复杂的故事情节和深入人心的思想主题，为后世留下了宝贵的文化遗产。

清代，吴敬梓的《儒林外史》和曹雪芹的《红楼梦》，将长篇小说的发展推向了新的高峰。《红楼梦》的问世，标志着中国古代小说的成就达到了顶峰。在短篇小说领域，蒲松龄的《聊斋志异》代表了清代文言短篇小说的最高成就，也是中国文言小说创作的高峰。

6. 现当代时期

这一时期的小说创作流派众多，繁盛一时。鲁迅的小说在思想和艺术上均达到了现代文学的高峰，此外还涌现出茅盾、巴金、老舍等小说名家，"左联""京派"小说在众多流派中成绩卓然。同时，赵树理的《小二黑结婚》、丁玲的《太阳照在桑干河上》、孙犁的《荷花淀》、周立波的《暴风骤雨》在小说大众化、民族化以及反映革命现实方面做出了成就。钱锺书的《围城》塑造了抗战时期一批高级知识分子的精妙形象。

20世纪50年代后期60年代初期，《保卫延安》《林海雪原》《红日》《红岩》等革命历史题材小说成绩斐然。此外，短篇小说也涌现出马烽、王蒙等成就突出的作家。1977年，刘心武《班主任》的发表，标志着新时期小说的开端。随后出现了"改革小说""寻根文学""现代派小说""先锋小说""新写实小说""新历史小说""新女性小说""新生代小说"等，代表作有高晓声的《陈奂生上城》、路遥的《平凡的世界》、莫言的《红高粱》、陈忠实的《白鹿原》等。

钱锺书《围城》之"痴"

我认为《管锥编》《谈艺录》的作者是个好学深思的锺书，《槐聚诗存》的作者是个"忧世伤生"的锺书，《围城》的作者呢，就是个"痴气"旺盛的锺书。我们俩日常相处，他常爱说些痴话，说些傻话，然后再加上创造，加上联想，加上夸张，我常能从中体味到《围城》的笔法。我觉得《围城》里的人物和情节，都凭他那股子痴气，呵成了真人实事。可是他毕竟不是个不知世事的痴人，也毕竟不是对社会现象漠不关心，所以小说里各个细节虽然令人捧腹大笑，全书的气氛，正如小说结尾所说："包涵对人生的讽刺和伤感，深于一切语言、一切啼笑。"令人回肠荡气。

——杨绛《记钱锺书与〈围城〉》

（二）小说的分类

1. 长篇小说

长篇小说篇幅较长，容量较大，情节丰富，人物角色众多，结构较为复杂，擅长展现广阔而冗杂的社会生活，反映特定时期的重大事件和历史风貌。鲁迅先生曾将其比喻为"巍峨灿烂的巨大的纪念碑"。长篇小说需要作家具备高超的文学功底和丰富的创作经验，是作家综合创作实力的集中体现。曹雪芹的《红楼梦》、钱锺书的《围城》是我国长篇小说的经典之作。

2. 中篇小说

中篇小说篇幅和内容介于长篇小说和短篇小说之间，可用较多的人物、较复杂的矛盾、较频繁的纠葛来塑造一个或几个主要角色，以展示社会中的重大事件，探讨人生和人性等深刻问题。中篇小说的结构不像长篇小说那样枝叶繁多，也不像短篇小说那样单纯集中，既能展开故事描述，又能保持节奏紧凑。老舍的《月牙儿》、沈从文的《边城》都是中篇小说的佳作。

3. 短篇小说

短篇小说以简短的篇幅和精练的文字，集中展现出深刻的社会主题和人物形象，以细腻的笔触和深刻的观察力，选取生活中的一个片段或侧面，进行高度的艺术概括和提炼，从而展现社会的全貌和人物的精神风貌。短篇小说往往通过一个小小的故事或人物形象，反映出深刻的社会问题和思想内涵。鲁迅的《风波》就是其中的典型例子，它以大约4300字的篇幅，生动地描绘了辛亥革命后中国农村落后守旧的社会现实，成为短篇小说中的经典之作。

4. 微型小说

微型小说篇幅极短，人物较少，故事情节简单，通常只截取生活中具有特殊意义的某个片段或场景进行描写，言简意赅地展现隐藏在生活现象背后的矛盾和问题。在艺术处理上，这类小说对情节、环境不做精雕细刻，只集中精力描绘人物、深化主题，节奏紧凑而富有变化，构思精巧而富有新意，起到了"以小见大"的艺术效果，被称为"小小说""一分钟小说""袖珍小说"等。

二、总结与归纳：小说的审美特征

（一）形象美

人物形象是小说的核心与灵魂，小说通过语言描写、动作描写、肖像描写、心理描写以及细节描写，多角度、全方位地塑造鲜明生动、细致丰富的人物形象。这些形象如同现实生活中的真实人物，让读者不由自主地体验他们的喜怒哀乐，感受小说栩栩如生、个性鲜明的形象美，为读者带来不同寻常的艺术享受。如《红楼梦》中温柔多情的贾宝玉、清高单纯的林黛玉，《三国演义》中机智多谋的诸葛亮、义薄云天的关云长等艺术形象，至今仍感动着无数的读者。

	过程性指导
探究方法	1. 小组讨论：根据教师提供的小说材料，找出人物形象的鲜明特点。 2. 组间对抗：每组选派两名同学参加"你来描述我来猜"比赛，根据组员的文字描述，猜出对应的人物形象。
注意事项	1. 小组讨论时，注意通过语言、动作、肖像等描写，准确把握人物形象特点。 2. 小组比赛时，注意运用丰富的描写手法，准确描述人物形象，助力队友快速理解。

通过学习和体验，请将你不同学习阶段的新感悟或搜集到的新知识随时记录下来吧！可结合专业特点和未来职业发展需求记录，并实时更新哦！

（二）情节美

情节是小说人物性格发展的重要载体。完整复杂、构思巧妙的情节是刻画人物、揭示主题的重要手段，由此体现出的情节美也是吸引读者的关键所在。小说的情节美表现在情节相对完整又跌宕起伏，出人意料又合乎情理。曲波的《林海雪原》"智取威虎山"中，杨子荣只身深入匪窟，不仅要巧妙应对土匪的怀疑和考验，不暴露身份，还要在险象环生中寻找机会传递情报。这一紧张刺激的情节，让我们在享受情节美的同时，感受到了文学摄人心魄的无穷魅力。

（三）环境美

环境描写是小说的重要元素之一，也是其审美特征的关键组成部分。小说中的环境美可以渲染气氛、烘托心情、暗示性格、揭示主题。通过对自然环境和社会环境的细腻描绘，使读者仿佛置身于故事之中，得到更加丰富、深刻的审美体验。鲁迅的《风波》中，通过对自然环境细致入微的描写，一幅幅江南水乡的生动画面跃然眼前，通过对社会环境入木三分的刻画，使辛亥革命时期中国农村封闭落后的现状深入人心。

三、探究与表达：小说作品欣赏

（一）长篇小说欣赏

《红楼梦》第三十四回（节选）
清·曹雪芹

正说着，只听丫鬟们说："宝姑娘来了。"袭人听见，知道穿不及中衣，便拿了一床夹纱被，替宝玉盖了。只见宝钗手里托着一丸药走进来，向袭人说道："晚上把这药用酒研开，替他敷上，把那瘀血的热毒散开，就好了。"说毕，递与袭人，又问道："这会子可好些？"宝玉一面道谢，说："好些了。"又让坐。

宝钗见他睁开眼说话，不像先时，心中也宽慰了好些，便点头叹道："早听人一句话，也不至今日！别说老太太、太太心疼，就是我们看着，心里也……"刚说了半句，又忙咽住，不觉眼圈微红，双腮带赤，低头不语了。（略）

这里宝玉昏昏沉沉，只见蒋玉菡走了进来，诉说忠顺府拿他之事，一时又见金钏儿进来，哭说为他投井之情。宝玉半梦半醒，刚要诉说前情，忽又觉有人推他，恍恍忽忽，听得有人悲切之声。宝玉从梦中惊醒，睁眼一看，不是别人，却是黛玉。犹恐是梦，忙又将身子欠起来，向脸上细细一认，只见两个眼睛肿的桃儿一般，满面泪光，不是黛玉，却是那个？宝玉还欲看时，怎奈下半截疼痛难禁，支持不住，便"嗳哟"一声，仍就倒下；叹了口气，说道："你又做什么来了？太阳才落，那地上还是怪热的，倘或又受了暑，怎么好呢？我虽然挨了打，却也不很觉疼痛。这个样儿是装出来哄他们，好在外头布散给老爷听。其实是假的，你别信真了。"

此时林黛玉虽不是嚎啕大哭，然越是这等无声之泣，气噎喉堵，更觉利害。听了宝玉这番话，心中提起万句言词，要说时却不能说得半句。半天，方抽抽噎噎的道："你从此可都改了罢！"宝玉听说，便长叹一声道："你放心，别说这样话。就便为这些人死了，也是情愿的。"

《红楼梦》是"中国古典四大名著"之首。小说以贾、史、王、薛四大家族的兴衰为背景，以贾宝玉与林黛玉、薛宝钗的爱情悲剧为主线，多角度展现了中国古代的社会百态。小说脉络清晰，内容丝丝紧扣，巧设草蛇灰线，行文自然流畅，故事结构合理又颇具魅力，展现了真正的人性美和悲剧美。

节选的这一部分，主要描写了宝玉挨打之后，宝钗和黛玉分别来探望的情景。以"探病""探心""探情""探因"四"探"为着眼点，围绕人物语言、动作描写，成功塑造了八面玲珑、恪守礼教的薛宝钗，纯真至诚、心性叛逆的林黛玉两个性格鲜明的人物形象，这部分也成为全书描写宝、黛、钗关系的一个关键节点，对情节的发展起到了重要的推动作用。

（二）短篇小说欣赏

百合花（节选）
茹志鹃

我们先到附近一个村子，进村后他向东，我往西，分头去动员。不一会儿，我已写了三张借条出去，借到两条棉絮，一条被子，手里抱得满满的，心里十分高兴，正准备送回去再来借时，看见通讯员从对面走来，两手还是空空的。

"怎么，没借到？"我觉得这里老百姓觉悟高，又很开通，怎么会没有借到呢？我有点惊奇地问。

"女同志，你去借吧！……老百姓死封建……"

"哪一家？你带我去。"我估计一定是他说话不对，说崩了。借不到被子事小，得罪了老百姓影响可不好。我叫他带我去看看。但他执拗地低着头，像钉在地上似的，不肯挪步，我走近他，低声地把群众影响的话对他说了。他听了，果然就松松爽爽地带我走了。

我们走进老乡的院子里，只见堂屋里静静的，里面一间房门上，垂着一块蓝布红额的门帘，门框两边还贴着鲜红的对联。我们只得站在外面向里"大姐、大嫂"地喊，喊了几声，不见有人应，但响动是有了。一会儿，门帘一挑，露出一个年轻媳妇来。这媳妇长得很好看，高高的鼻梁，弯弯的眉，额前一溜蓬松松的刘海。穿的虽是粗布，倒都是新的。我看她头上已硬挠挠地挽了髻，便大嫂长大嫂短地向她道歉，说刚才这个同志来，说话不好别见怪等等。她听着，脸扭向里面，尽咬着嘴唇笑。我说完了，她也不作声，还是低头咬着嘴唇，好像忍了一肚子的笑料没笑完。这一来，我倒有些尴尬了，下面的话怎么说呢！我看通讯员站在一边，眼睛一眨不眨地看着我，好像在看连长做示范动作似的。我只好硬了头皮，讪讪地向她开口借被子了，接着还对她说了一遍共产党的部队打仗是为了老百姓的道理。这一次，她不笑了，一边听着，一边不断向房里瞅着。我说完了，她看看我，看看通讯员，好像在掂量我刚才那些话的斤两。半晌，她转身进去抱被子了。

通讯员乘这机会，颇不服气地对我说道："我刚才也是说的这几句话，她就是不借，你看怪吧！……"

我赶忙白了他一眼，不叫他再说。可是来不及了，那个媳妇抱了被子，已经在房门口了。被子一拿出来，我方才明白她刚才为什么不肯借了。这原来是一条里外全新的花被子，被面是假洋缎的，枣红底，上面撒满白色百合花。她好像是在故意气通讯员，把被子朝我面前一送，说："抱去吧。"

我手里已捧满了被子，就一努嘴，叫通讯员来拿。没想到他竟扬起脸，装作没看见。我只好开口叫他，他这才绷了脸，垂着眼皮，上去接过被子，慌慌张张地转身就走。不想他一步还没走出去，就听见"嘶"的一声，衣服挂住了门钩，在肩膀处，挂下一片布来，口子撕得不小。那媳妇一面笑着，一面赶忙找针拿线，要给他缝上。通讯员却高低不肯，挟了被子就走。

这是茹志鹃根据自己在新四军的生活经历创作的短篇小说，描述了小通讯员为了给伤员借被子，与一个刚过门三天的新媳妇发生的小小冲突。作者通过细腻入微的描写和富有个性的人物对话，展现了小通讯员腼腆、执拗、淳朴和新媳妇朴实、善良的性格特点。这个故事，让我们深刻认识到人性之美，也让我们更加珍惜和平年代的美好生活。

课后创造升华——悟美之道

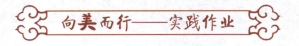

向美而行——实践作业

项目实践活动

🐌 活动描述

以"革命薪火代代传"为活动主题，选择革命历史题材小说中的一个片段，排演 5 分钟左右的情景剧。要求每组形成一个剧本，内容积极，形式多样。

🌱 任务实施

1. 学生自由分组，5~8人为一组，并填写实践活动记录表（见表6-2）。
2. 各小组在课堂演示，指导教师对演示情况进行评分。

表6-2 实践活动记录表

专业：_____　班级：_____　小组：_____　指导教师：_____

活动安排情况		活动完成情况		活动评价情况			
小组成员	活动分工	活动项目	活动内容	评价项目	评价内容	分值	得分
		情景剧名称		知识、技能评价（70%）	紧扣主题，立意鲜明，积极健康	15	
		情景剧出处			内容丰富，富有创意，触动人心	15	
					剧本翔实，情节完整，表演精彩，富有感染力	25	
		内容概况			音乐、服饰道具等选用得当，能够渲染主题，升华内容	15	
				素养评价（30%）	具备较强的文学艺术感悟力和艺术审美力，树立正确的审美观念，拥有健康的审美情趣	10	
		服饰道具			具备较强的创新能力和实践能力、良好的团队精神和团队协作能力	10	
		剧本完成情况			能够厚植家国情怀，增强文化自信和民族自信，传承中华优秀传统文化	10	
		排练情况		评价和建议		活动总分	

知美达美——理论作业

项目学习效果检测

基础型练习

一、填空题

1.（　　）是我国第一部诗歌总集，收录了西周初年到春秋中叶的305首诗歌，对后世诗歌发展产生了深远影响。

2.（　　）的问世，标志着中国古代小说的成就达到了顶峰。

二、选择题

1. 下面（　　）被誉为"诗仙"。
A. 骆宾王　　　B. 李白　　　C. 王勃　　　D. 杜甫

2. 小说这一文学体裁是在（　　）成为成熟的文学样式的。
A. 唐朝　　　B. 魏晋南北朝　　　C. 明朝　　　D. 清朝

三、简答题

1. 简述诗歌的审美特征。
2. 概括先秦散文的基本情况。

拓展型练习

一、填空题

1. 郭沫若曾说："节奏之于诗，是她的外形，也是她的生命。"这体现了诗歌审美特征中的（　　）。

2. 被鲁迅称为"史家之绝唱，无韵之离骚"的是（　　）。

二、选择题

1. 下面被誉为"长诗之圣"的长篇叙事诗是（　　）。
A.《木兰诗》　　B.《孔雀东南飞》　　C.《秦妇吟》　　D.《陌上桑》

2. 下面属于"桐城派"代表人物的是（　　）。
A. 方苞　　　B. 魏源　　　C. 顾炎武　　　D. 龚自珍

三、判断题

1. 胡适的《尝试集》是中国现代诗歌史上第一部新诗集。（　　）
2. 《苏武传》是一篇写人叙事的散文。（　　）

四、简答题

1. 如何理解梁实秋所说的"散文是没有一定的格式的，是最自由的"。
2. 分析小说《百合花》里"通讯员"这一人物形象。

习美评价——学习测评

项目学习评价标准

请根据项目学习评价标准表（见表6–3）完成多元化评价。

表6–3　项目学习评价标准表

学习目标	项目子任务	考核内容	评价等级 A	评价等级 B	评价等级 C	得分
知识目标和能力目标达成度	了解语言艺术的基础知识	能够阐述诗歌、散文、小说的发展概况	10	8	6	
		能够举例说明诗歌、散文、小说的分类	10	8	6	
	掌握语言艺术的审美特征	能够通过品读诗歌、散文、小说作品，归纳作品的艺术特征	15	12	9	
		能够通过赏析诗歌、散文、小说作品，探究作品的思想内涵	15	12	9	
		能够紧扣语言艺术的审美特征，运用文学的表现手段表达自己的情感和生活体验	10	8	6	
素养目标达成度	厚植家国情怀，增强文化自信和民族自信，传承中华优秀传统文化	丰富情感体验，提升文学艺术感悟力，提高艺术审美力	20	16	12	
		树立正确的审美观念，培养健康的审美情趣	20	16	12	
教师评语		总分（定量评价）				
专家点评		评定结果（定性评价）	□优秀　□良好	□合格　□不合格		

备注：

1. 本项目学习内容可结合学习目标，采用教师评价、学生自评、学生互评、专家点评等方式进行多元化评价。
2. 90~100分为优秀；70~89分为良好；60~69分为合格；60分以下为不合格。

项目七
文化与传承的生活智慧
——魅力非遗

项目引言

　　中国非物质文化遗产是中华文化的瑰宝，也是人类文明的重要组成部分。它见证着中华民族的悠久历史，凝结着中华民族的独特智慧，延续着中华民族的精神血脉，需要我们在实践中保护、实践中发扬、实践中传承，承前启后，守正创新，充分发挥非物质文化遗产的美育功能和时代价值，向世界传播中国独特的文化资源和精神追求，让非遗之花在世界舞台绽放新的光彩。

【学习目标】

知识目标
1. 了解茶、剪纸和刺绣的发展概况、制作技艺和分类等基础知识。
2. 掌握茶、剪纸和刺绣的审美特征。

能力目标
1. 能够辨别不同种类的茶、剪纸和刺绣,并能参与基础实践。
2. 能够通过品味茶、剪纸和刺绣,归纳审美特征,探究文化内涵。
3. 能够运用茶、剪纸和刺绣寄托与表达自己的情感和生活体验。

素养目标
1. 丰富生活体验,提升生活品质,增强审美情趣,陶冶高尚情操。
2. 增强保护和传承我国非物质文化遗产的意识,提升责任感和使命感。
3. 传承中华优秀传统文化,厚植爱国主义情怀,增强民族自信心和自豪感。

【思维导图】

【任务清单】

完成一项学习任务后,请在表 7-1 对应处打钩。

表 7-1 任务完成情况记录表

任务阶段	任务名称	任务分解	完成情况	心得记录
课前准备	寻美之迹	准备学习用品,搜集关于茶、剪纸和刺绣的资料		
		预习课本知识,形成对茶、剪纸和刺绣等非遗之美的初步印象		
课中探究	品美之韵	了解茶、剪纸和刺绣的发展概况、制作技艺及分类		
		分析茶、剪纸和刺绣与人们生活之间的关系,体悟非遗之美		
		掌握茶、剪纸和刺绣的审美特征		
		通过了解不同时代茶与人们生活的关系,品味生活中的茶文化,通过观看视频、手工操作,体悟剪纸、刺绣之美,丰富生活体验,提升生活品质,增强保护和传承我国非物质文化遗产的意识		
课后实践	悟美之道	与同学积极配合,参与课后"巧手剪出家乡美"实践活动,提高艺术表现能力、团队协作能力和人际交往能力		
		运用茶、剪纸和刺绣寄托与表达自己的情感和生活体验,传承非遗之美		

课前自主探究——寻美之迹

走笔谢孟谏议寄新茶（节选）
唐·卢仝

天子须尝阳羡茶，百草不敢先开花。
仁风暗结珠琲瓃，先春抽出黄金芽。
摘鲜焙芳旋封裹，至精至好且不奢。
至尊之余合王公，何事便到山人家。
柴门反关无俗客，纱帽笼头自煎吃。
碧云引风吹不断，白花浮光凝碗面。
一碗喉吻润，两碗破孤闷。
三碗搜枯肠，唯有文字五千卷。
四碗发轻汗，平生不平事，尽向毛孔散。
五碗肌骨清，六碗通仙灵。
七碗吃不得也，唯觉两腋习习清风生。

我国是茶的故乡，也是诗的国度。自唐宋起，饮茶风气盛行，赢得众多诗人青睐，为之移情遣兴，创作了大量茶诗，锦章妙句，比比皆是，涉茶诗词，层出不穷，成为传播茶文化的重要渠道。

这首诗是诗人卢仝品尝友人孟谏议所赠新茶后的即兴作品，叙述了煮茶和饮茶的感受。由于茶味极佳，连饮七碗，顿觉两腋生清风，飘飘欲仙。诗中对茶的神功奇趣大加赞赏，喜爱之情溢于言表。

诗词文人借诗抒情，品茶爱茶，诗闻茶香，却意在茶外。

千年回首，茶从未被时代淘汰，茶香萦绕千年，依然浸润着我们的心田，这便是茶这一非物质文化遗产的魅力所在。走过万里茶道、丝绸之路，中国茶穿越历史、跨越国界，为全世界人民所喜爱，传达着茶和天下、包容并蓄的民族胸怀。让我们走进茶的世界，汲取营养，发现真谛，启迪智慧，感受非遗之美吧。

课中任务合作——品美之韵

任务一 体悟静和怡真——品茗之美

一、理解并掌握：茶的基础知识

茶，作为世界三大饮品之一，有着悠久的历史和深厚的文化底蕴，在经济、文化、社交等多个领域都发挥着重要作用。它不仅仅是一种饮品，更是情感的寄托、文化的载体，承载着人们的生活智慧和历史记忆。

（一）茶的发展概况

中国是茶的故乡，是世界上最早发现茶和使用茶的国家，有四五千年的历史。

遇见茶

1. 先秦时期

相传"神农尝百草，日遇七十二毒，得荼而解之"，经考证"荼"即今"茶"。从这个传说可以看出，我国早期劳动人民就发现了茶具有解毒的功效。西周时期，人们开始种植茶树，栽培茶园。《华阳国志》记载："周武王伐纣，实得巴蜀之师，茶蜜皆纳贡之。"可见，当时茶已成为纳供天子的贡品。

2. 秦汉时期

秦汉时期，茶已经融入人们的日常生活。《晏子春秋》记述有"炙三戈五卵茗菜"，《僮约》记录有"烹茶尽具""武阳买茶"，在长沙出土的马王堆西汉墓的陪葬品中也发现有茶，这些均是有力考证。这一时期，已有了茶作为商品交易的最早记载，出现了茶叶市场，饮茶已融入人们的日常生活，煮饮之器也随之出现，茶文化逐渐形成。

3. 魏晋南北朝时期

魏晋南北朝时期，饮茶之风开始盛行，制茶技艺有了长足进步，茶树种植面积不断扩大。人们为了方便运输和储存，将茶做成茶饼，饮用时将其捣末并加入葱姜瀹饮。《晋四王起事》记载，"惠帝蒙尘还洛阳，黄门以瓦盂盛茶上至尊"，可见，当时上至王公下及走卒都青睐于饮茶。茗饮逐渐普及，茶的礼仪属性也逐步加强。

4. 隋唐时期

隋唐时期，全民普遍饮茶，茶与藏族、回纥族、蒙古族等少数民族的交流逐步深入并打开世界市场，茶种和茶文化传入韩国、日本。茶树种植广泛推广，制茶技艺显著提高，饮茶文化逐渐成熟。出现了中国乃至世界现存最早、最完整、最全面介绍茶的专著——《茶经》。这本著作首创中国茶道精神，是茶文化成熟的标志。

瀹饮法

瀹有浸渍的意思。瀹饮法，即以沸水冲泡茶叶的方法，与现代的泡法相似，是明末清初品饮的主要方式。瀹饮法包括备器、备茶、绦具、洗茶、候汤、投茶、品茶等程序，无须经过炙茶、碾茶、罗茶，只要有干燥的叶茶即可，适合清饮，有利于品茶之真香、真色、真味。

5. 宋元时期

这一时期，茶文化走向兴盛。宫廷中设立了茶事机关，宫廷用茶已分等级。茶仪已成礼制，赐茶成为皇帝笼络大臣、眷怀亲族的重要手段。宋徽宗《大观茶论》将茶文化上升到一门学问，供人们学习、推广和传承。茶道兴起，衍生出"绣茶""斗茶""分茶"等娱乐方式。茶叶贸易繁荣，促进了经济发展和文化交流。茶具的创新进一步丰富了茶文化内涵。元代将蒙古族的饮食习惯与汉族的茶文化相结合，同时出现了著名的茶书《茶录》《东溪试茶录》等，进一步推动了中国茶文化的发展。

6. 明清时期

明清时期，茶类更加丰富，饮茶方式改变，对后世茶文化的发展产生了深远影响。这一时期，贡茶由团饼茶改为散茶，饮茶方式变为散茶冲泡。此时茶文化普及，出现了较多的茶文化著作，如朱权的《茶谱》、罗廪的《茶解》等。茶馆文化兴盛，茶馆成为社会生活中不可或缺的一部分。同时，茶文化的对外传播，使其成为中外文化交流的重要载体。鸦片战争以后，茶叶产量受到影响，但从没有中断，茶文化一直继续发挥着它神圣的使命。

7. 现当代时期

中华人民共和国成立以后，国家大力扶持和发展茶叶的生产，规划茶叶种植区域，推广优良茶树品种，倡导科学种茶，成立茶叶学会、科研教学机构，制茶技艺借助科技的力量迅猛发展。随着社会经济的发展和生活水平的提高，越来越多的人开始饮茶，茶的普及程度不断提高。茶叶的消费量逐年增加，各种类型的茶叶、茶具和茶饮料层出不穷，满足了不同人群的需求，茶叶产业也成为地方特色文化和旅游资源的重要组成部分。

（二）制茶技艺的发展概况

各种茶类品质特征的形成，除了受到茶树品种和鲜叶原料的影响，加工条件和制作方法也是非常重要的决定性因素。茶叶的制作技艺（见图7-1）经历了一个漫长的发展历程。

图7-1 茶叶的制作技艺

1. 生煮羹饮、晒干收藏

自神农时期发现野生茶树的鲜叶可以解毒后，人们开始将鲜叶生煮羹饮以治病。春秋时期，茶作为祭品，需晒干收藏。晒干是保持鲜叶不腐的技术措施，是制茶的早期形式。

2. 蒸青作饼

古时，人们发明了蒸青制茶，即把茶的鲜叶蒸后碎制，把饼茶穿孔，贯串后烘干，去除其青气味。后又洗涤鲜叶，蒸青压榨，去汁制饼，大大降低了苦涩味。

唐代，蒸青作饼的技术逐渐完善，从陆羽的《茶经》"晴，采之。蒸之，捣之，拍之，焙之，穿之，封之，茶之干矣"中可知其制作方法为蒸青、捣茶、拍茶、焙茶。蒸青即高温抑制发酵，捣茶即将蒸好的散叶捣碎成末，拍茶即将茶末倒入模具在石承上拍打成饼状，焙茶即串连茶饼置于炉上焙烤。

3. 龙凤团茶

北宋年间，做成团片状的龙凤团茶盛行。宋朝赵汝砺《北苑别录》中记述，龙凤团茶有六道工序，即蒸茶、榨茶、研茶、造茶、过黄、烘茶。茶芽采回后，先在水中浸泡，再挑选匀整的芽叶蒸青，后冷水清洗，小榨去水，大榨去汁，置瓦盆内兑水研细，倒入龙凤模压饼。

4. 蒸青散茶

元代基本沿袭宋代后期制法，以制造散茶和末茶为主，出现了类似近代蒸青的生产工艺。元代王桢的《农书》对此有详细描述，"采讫，以甑微蒸，生熟得所。

生则味涩，熟则味减。蒸已，用筐箔薄摊，乘湿略揉之，入焙，匀布，火焙令干，勿使焦。"将采下的鲜叶，先在釜中稍蒸，再到筐箔上摊晾，后趁湿揉捻，最后入焙烘干。

5. 炒青工艺

明清两代是中国制茶工艺继往开来的时期，散茶流行，炒青茶出现，饮茶的方法由煮茶改为泡茶。明代学者许次纾的《茶疏》"炒茶"中记载了采茶、制茶的时节和工艺，即鲜叶采摘后入铁锅武火急炒，出锅后薄摊冷却、揉按，再略炒后文火焙干。明代炒青制茶技艺包含的杀青、揉捻、干燥这三道基本工序，与现代基本无异。

6. 现代化制茶技艺

如今，由于制茶技术不断改革，各类制茶机械相继出现，先是小规模手工作业，后出现各道工序的机械化。除了少数名优茶仍由手工制作或手工与机械配合外，大多数茶叶采用机械化生产线加工。同时，随着高新技术的发展，茶叶提取物如茶多酚、茶色素、茶氨酸等产品问世，茶叶加工也从单纯的农副产品加工转变为现代化新型食品加工。

2022年，"中国传统制茶技艺及其相关习俗"项目被列入联合国教科文组织人类非物质文化遗产代表作名录。这对做好非物质文化遗产保护工作、弘扬中国茶文化起到了积极作用，推动了中华文化的传播和发扬，扩大了中华文化在世界上的影响力。

（三）茶的功效

中国拥有全世界最多的茶叶（见图7-2）种类，这些茶叶被归为六个基本茶类，即绿茶、黄茶、白茶、乌龙茶、红茶、黑茶，功效各不相同。

图7-2 茶叶

1. 绿茶降火防癌

绿茶属于不发酵茶，茶汤清新，芳香持久，口感绵柔，细腻滑润。绿茶保留了鲜叶的天然物质，含有茶多酚、儿茶素、叶绿素、咖啡碱、氨基酸、维生素等营养成分，对防衰老、防癌、杀菌、消炎、美白、瘦身减脂及防紫外线等具有特殊效果。代表品类有西湖龙井、绿剑茶、碧螺春、信阳毛尖、安吉白茶、恩施玉露等。

2. 黄茶人人皆宜

黄茶属于轻发酵茶，按照鲜叶老嫩度通常分为黄芽茶、黄小茶和黄大茶。黄茶的主要品质特点是黄叶黄汤，不仅叶底黄，茶汤黄，干茶也显黄亮，且香气清悦，味厚爽口。黄茶是沤茶，在沤的过程中会产生大量的消化酶，可保护脾胃，提高食欲，帮助消化。与绿茶清凉和红茶温热的性味相比，黄茶居于两者之间，人人皆宜。代表品类有君山银针、蒙顶黄芽、远安黄茶、霍山黄芽、北港毛尖、广东大叶青、海马宫茶等。

过程性指导	
探究方法	1. 小组实践：每组从教具茶中选择一种，组内观茶色，闻茶香，品茶味，辨别其种类。 2. 小组讨论：结合实践，讨论茶的功效，感悟制茶技艺的精湛。 3. 多元评价：小组代表分享讨论结果，组间互评，教师点评。
注意事项	细致观察，认真辨析。

3. 白茶保肝护肝

白茶属轻微发酵茶，是采摘后不经杀青或揉捻，只经过晒或文火干燥后加工的茶。白茶汤色澄红，毫香足显，弥香浓郁，入口甜柔，汤水糯滑。白茶富含二氢杨梅素等黄酮类天然物质，有保肝护肝的作用，还具有解酒醒酒、清热润肺、平肝益血、消炎解毒、降压减脂、消除疲劳等功效。代表品类有白毫银针、白牡丹、寿眉、天山白、首日芽等。

4. 乌龙茶润燥减肥

乌龙茶属于半发酵茶类，是经过杀青、萎雕、摇青、半发酵、烘焙等工序后制出的品质优异的茶。乌龙茶浓郁甘醇，高香扑鼻，醇正鲜爽，幽香芬芳，品饮后唇齿留香，后韵回甘强。茶中的主成分单宁酸与脂肪的代谢有密切的关系，可以降低血液中的胆固醇含量，具有溶解脂肪的减肥效果，是不可多得的减肥茶。代表品类有大红袍、凤凰单枞、安溪铁观音、冻顶乌龙、凤凰水仙、东方美人等。

5. 红茶暖胃护心

红茶属于全发酵茶，味甘气香，高山韵显，桂圆味明，回甘持久。在发酵工序中，茶多酚被氧化、聚合、缩合，形成茶黄素、茶红素和茶褐素。茶黄素是红茶中最主要的功能性成分，可以帮助胃肠消化，去油腻，开胃口，助养生，可利尿，消水肿，抗菌力强。红茶性温，有暖胃护心的作用。代表品类有正山小种、祁门红茶、滇红工夫、川红工夫、英德红茶等。

6. 黑茶御寒降脂

黑茶属于后发酵茶，富含对人体有益的成分，最主要的是维生素和矿物质，另外还有蛋白质、氨基酸、糖类物质等。黑茶汤色橙黄，香气纯正，或带松烟香，滋味醇正，略带涩味。黑茶有助消化、抗氧化、降血压、降血糖、延缓衰老、杀菌消炎、利尿解毒、御寒降脂的功效。代表品类有云南普洱、安华黑茶、广西六堡茶、湖北青砖茶、安徽安茶、陕西茯茶等。

二、总结与归纳：茶的审美特征

扫一扫

茶之美

中国茶历史悠久，或清或酽，似苦实甘，穿越时空，以其独特的魅力，突破地域和风俗的局限，远播世界各地。

（一）形态美

茶叶的形态主要包括叶形、色泽、香气等，其中叶形是最重要的因素。茶叶的叶形匀称整齐，色泽饱满，香气浓郁。茶的形态美（见图7-3）不仅体现在自身形态上，也体现在丰富种类中，不同的茶树种类孕育出了不同的茶叶品性。同时，茶叶从舒展到卷曲、从绿色到黑色、从散茶到饼茶，是有形之美与无形之美的结合，是阳刚与阴柔的统一，都富含阴阳之美的相互转化。

图7-3 茶的形态美

（二）技艺美

茶的技艺美是涵盖种植、加工、品鉴、饮用全过程的综合性的艺术美。茶叶的采摘、制作、泡茶、奉茶和品茗等每一道制作技艺都有不一样的行为表达，都在漫长的传承中经受了历史的检验。千百年来，制茶技艺不断完善，力求完美，让精湛的技艺美为茶注入了匠心匠韵，让承载着技艺之美的茶香萦绕心间，香飘万里。

（三）精神美

茶不仅在物质层面给人以享受，还在精神层面给人以启迪。茶的精神美体现在茶道之中。茶道是一种追求和谐、尊重自然、强调内心修为的文化。在饮茶过程中，人们通过泡茶（见图7-4）、品茶、赏茶（见图7-5）等活动，修身养性，体验茶的美妙，感受心灵的宁静，追求生活的雅致，以清净之心、包容之态、禅意之境感受人与自然的和谐共生，品味传统文化的意韵深远。

图 7-4 泡茶

图 7-5 赏茶

（四）礼仪美

茶的礼仪美体现在多方面，从泡茶到品茗再到主客之间的互敬互让，都体现了中华优秀传统文化中"礼之用、和为贵"的思想，也让人们在饮茶过程中感受到彼此的尊重和关爱。饮用时，施以自古传承的礼仪规范，一举一动都是美的表达、文化的传承。这些礼仪美，让我们更好地领略茶文化的韵味和内涵，深切地感受生活的美好和雅致。

> **思政之美**
>
> #### 茶之"四德"
>
> 茶有"廉""美""和""敬"四德，这四德，温润着中国人的日常生活，提振了中国人的道德精神。
>
> 茶之"廉"，在于它的清俭与清心。茶叶在制作过程中，需要去除杂质，保留纯净的茶叶，这象征人们应摒弃杂念，保持清廉。
>
> 茶之"美"，在于茶形翩跹，茶味醇甘，茶韵悠长。品茶中，三五好友倾心交谈，温暖之谊流淌心间，这是人情之美。
>
> 茶之"和"，在于饮茶能促进内心的平和。茶能解郁清心，抒发情志，使人神清气爽，内心平和，还能促进人际的调和。清净亲切的饮茶环境有利于营造和谐和美的氛围。
>
> 茶之"敬"，在于茶之"礼"。客来敬茶，饮茶有礼，茶礼繁简不一，均以"诚敬"为原则。主客之间以茶为媒，在敬奉与品饮中，生动地呈现出中国人日常生活的礼仪文明。

三、感悟与体验：生活中的茶文化

茶（见图 7-6）作为修身养性的文化，立足于生活、服务于生活，备受历代文人雅士的青睐。我国是茶的故乡，茶文化自古就融在人们的日常生活中，流传至今，长盛不衰。茶文化也是中国传统艺术的载体之一，包括茶道、茶艺、茶诗、茶画、茶乐等，通过这些形式展示出茶的内在韵味。艺为表，道为里，道中有艺，艺中有道。

图 7-6　茶

（一）茶艺

茶艺（见图 7-7）是一种将泡茶、饮茶提升到艺术和文化层次的技艺。它不仅包括泡茶的技巧，还涵盖了对茶叶的了解、茶具的选择、泡茶用水的讲究、品茶的礼仪等各个方面。

图 7-7　茶艺

1. 泡茶之道

泡茶是一门艺术，不是把茶叶放到水中那么简单，讲究投茶量、冲泡水温、冲泡时间和冲泡次数。投茶量指茶的用量，即茶与水的比例，一般绿茶、黄茶、红茶的比例为 1∶50，乌龙茶、白茶、黑茶的比例为 1∶20~1∶30；茶的冲泡水温因茶的种类而变化，绿茶的冲泡水温一般为 80~85℃，红茶的冲泡水温一般为 90℃左右，多叶芽的白茶冲泡水温一般为 90℃左右、多叶梗的白茶一般为 100℃，乌龙茶和黑茶的冲泡水温为 100℃；茶的冲泡时间与茶的加工工艺、茶叶的老嫩程度相关，工艺和老嫩程度不同，冲泡时间也不尽相同；茶的冲泡次数依茶叶种类而定，通常绿茶、黄茶可连续冲泡 3~4 次，白茶、红茶、黑茶可连续冲泡 5~6 次，乌龙茶连续冲泡 7~8 次后仍有余香。

2. 泡茶程序

茶的冲泡是品茶的重要环节。冲泡前要先备茶、备器、备水，即取适量茶叶，并根据茶叶的种类选择器具和水。冲泡绿茶一般选择玻璃杯；冲泡白茶、红茶、黄茶一般选择盖碗；乌龙茶选择盖碗或紫砂壶；黑茶选择盖碗、紫砂壶、闷泡壶或煮茶器。

冲泡程序主要有温具、赏茶、投茶、冲泡、分茶、奉茶、品鉴等。温具是用热水温烫茶具，提高其温度以利于茶性的发挥；赏茶是通过观察干茶的外形、颜色、香气等特征来判断茶叶的品种、制作工艺及品质的高低；投茶是根据茶壶或玻璃杯、盖碗的大小，投入适量的茶叶；冲泡是冲入适温、适量的水，如乌龙茶拿紫砂壶冲泡时需注水至满壶，绿茶使用玻璃杯冲泡时则以七分满为宜；分茶是将公道杯中的茶汤倒入品茗杯，以七分满为度；奉茶时，面带微笑，双手奉上，并行奉茶礼，顺序讲究先长后幼、先尊后卑、先客后主；品鉴时，观赏茶汤，细闻幽香，品啜甘霖，如饮用名优绿茶时，可先观赏茶舞及茶汤变化的过程，饮去三分之二杯时及时续水，饮用高香茶先端杯闻香后再品饮。

3. 饮茶礼仪

中国人习惯以茶待客，形成了相应的饮茶礼仪。

行茶过程中，要注重仪容仪表等礼仪规范。即着装整洁端庄，符合饮茶氛围的需要；语言优美，切忌大声喧哗；妆容淡雅，发型清爽；站姿、坐姿、走姿等仪态举止要文雅端庄，适当运用鞠躬礼、注目礼、伸掌礼、叩指礼、奉茶礼等行茶礼仪。

器具准备时，要向客人介绍茶的名称、产地、种类、品性等。赏茶（见图 7-8）时，让客人观茶之外形和色泽，闻干茶香。在冲泡前用沸水温杯烫壶。放置茶壶时，壶嘴不能正对他人。

图 7-8 赏茶

投茶（见图 7-9）时，应用茶则取茶叶置于茶荷，后用茶匙将茶叶轻轻拨入茶壶、茶杯中，或将茶则倾斜，对准壶或杯轻轻抖入。切忌用手抓茶叶，以免手气或杂味混入。

图 7-9 投茶

冲泡（见图 7-10）时，多为高冲低斟，要注意掌握水流的大小、注水的高低，避免将茶汤溅出。

图 7-10 冲泡

分茶（见图 7-11）时，要低斟，以免香气散失，茶汤溅出。茶倒七分满即可，暗喻了"七分茶三分情"之意，客人也不容易烫到手。

图 7-11 分茶

奉茶（见图 7-12）时，最好使用杯托将泡好的茶端给客人，若不用杯托，注意手指不要接触杯沿。端至客人面前时，应行奉茶礼，略躬身，并说"请用茶"。也可伸手示意，同时说"请"。

图 7-12　奉茶

（二）茶道

茶道是一种烹茶饮茶的艺术，也是一种以茶为媒的生活礼仪。通过沏茶、赏茶、闻香、饮茶、评茶等过程美心修德，陶冶情操，被认为是修身养心的一种方式。茶道精神是茶文化的核心，也是其灵魂所在，符合东方哲学"清净""恬澹"的思想，从很大程度上诠释了茶文化的内涵与精神。

中国的茶道（见图 7-13）讲究"静、和、怡、真"。"静"，是中国茶道修习的重要法则。"欲达茶道通玄境，除却静字无妙法"，茶道正是通过茶事创造宁静淡然的氛围和空灵虚静的心境。在寂静的环境中煮水，听山泉水被煮沸发出的声响；将沸水冲入杯中，看茶叶起起伏伏，无声翻腾；细品茶汤，感受茶汁的柔滑；观香气袅袅，听琴声悠悠，体悟茶道带给我们的深邃内涵，这便是"静"的妙处。

图 7-13　茶道

茶道的核心灵魂是"和"。中国人主张天人合一，以和为贵，这种"和"的思想同时也体现在茶道之中。采茶时，雨天、阴天不可采摘，晴天方可采摘；制茶时，火候不能过高，也不能过低，一定要恰到好处；泡茶时，投茶量要适中，投多则茶苦，投少则茶淡；分茶时，要用公道杯给客人分茶，茶汤才会均匀。这些都体现了一个"和"字，可以说，"和"是茶道的核心灵魂。

茶道中的身心享受称为"怡"。中国茶道中，可抚琴歌舞，也可吟诗作画，可论经对弈，也可观月赏花，可独对山水，也可邀三五好友共赏美景。茶道中的"怡"包含三个层次。首先是五官的直观享受，优雅的环境、精致的茶具、幽幽的茶香都会给品茶者带来强烈的视觉冲击；其次是愉悦的审美享受，品茶者在闻茶香、观汤色、品茶味时，会感到身心舒泰，心旷神怡；最后是精神上的升华，提升精神境界是中华茶道的最高层次，当悟出茶外之意时，人们的自我境界也随之提高了。

"真"是中国茶道的起点，也是中国茶道的终极追求。这里所讲究的"真"，首先是"物之真"，包括茶应是真茶、真香、真味，泡茶的器具最好是真竹、真木、真陶、真瓷，泡茶要"不夺真香，不损真味"。其次是"情之真"，一壶好茶可以传递出亲情、友情和爱情的力量，以真我的灵魂与茗共品，以真实的心境寄情山水，以真挚的情怀融入自然，让人们在茶香四溢中品味生活的酸甜苦辣，感受人生的悲欢离合，体味人生百态与世间真情。

任务二　映照指间乾坤——剪纸之美

一、理解并掌握：剪纸的基础知识

中国剪纸是一种用剪刀或刻刀在纸上剪刻图文形象的民间艺术，也被称为刻纸、剪画，源于民间生活，表达着人民群众的意识观念、审美情趣等，具有广泛的群众基础和地域特征。作为中国传统手工艺品的代表之一，剪纸拥有悠久而丰富的发展历史。2009年，中国剪纸被列入联合国教科文组织人类非物质文化遗产代表作名录。

走进剪纸

（一）剪纸的发展概况

东汉蔡伦发明造纸术后，剪纸拥有了基本材料，剪纸艺术得以发展，并在不同地区形成了各具特色的剪纸艺术派系。探究剪纸艺术的历史，最早可追溯到《史记》中"桐叶封弟"的故事。

"桐叶封弟"的故事

周成王时期，周公诛灭了叛乱的唐国。《史记·晋世家》中说，周成王曾与弟弟叔虞一起玩耍，在玩耍的过程中，成王看见梧桐树枝繁叶茂，便从树上摘了一片桐叶，削成圭形的图案赐予叔虞，并说把唐国封给他。站在一旁的史官郑重要求成王择日举行封唐典礼，成王这才说："吾与之戏耳。"史官说："天子无戏言。言则史书之，礼成之，乐歌之。"于是叔虞受封唐国。唐叔虞的儿子燮迁居到晋水旁边，改称晋侯。至此，晋国作为周王室在北疆的一个封国屏藩开始登上了历史舞台。

1. 南北朝时期

南北朝时期，剪纸材料为丝织品或纸。《荆楚岁时记》中"立春之日，悉剪彩为燕以戴之，贴宜春二字"，《木兰辞》中"对镜贴花黄"，都是这一时期民间使用剪纸的记录。南朝时，江浙一带已出现彩旗形式的剪纸作品并流传至今，成为这一地区的文化代表之一。北朝时，剪纸艺术得到了较大发展，目前考古发现最早的剪纸艺术品是1967年在新疆吐鲁番地区出土的北朝时期团花剪纸（见图7-14）和人胜剪纸（见图7-15）。

图7-14 团花剪纸

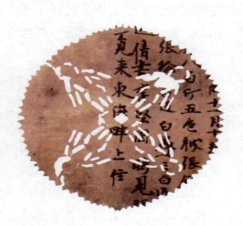
图7-15 人胜剪纸

2. 唐宋时期

唐宋时期，剪纸艺术达到空前繁荣，成为宫廷和民间的流行艺术。此时的剪纸作品形式多样，内容丰富，既有人物、动物、花鸟等具象图案，也有吉祥如意的符号和纹样。剪纸艺人们不断探索和创新，运用剪刀的灵巧和纸张的柔韧，将形象和线条剪刻得栩栩如生，展现出浓厚的生活气息。同时剪纸艺术还与陶瓷、皮影戏、书法、绘画等艺术相互借鉴，融合发展，丰富了剪纸艺术的表现手法。

3. 元明清时期

元明清时期，剪纸艺术进一步发展，形成了各具特色的地方剪纸派系。自贡剪纸、佛山剪纸、扬州剪纸等各具风格，通过不同的剪刻手法和题材内容，展现出地域文化的独特魅力。这一时期，剪纸的应用范围也逐渐扩大，不仅用于装饰和庆祝，还被广泛应用于戏曲、婚庆、祭祀等方面，成为人们生活中不可或缺的一部分。民间剪纸盛行，上至皇室，下至百姓，剪纸无处不在，处处体现着它的文化内涵和美学价值。

4. 近代时期

近代以来，科技快速发展，传统手工艺品受到冲击，但剪纸艺术并未被淘汰，反而在创新中焕发新的活力。随着人们对中华优秀传统文化的重视，一些剪纸艺人对民间资料进行挖掘和保护，以各种方式不断继承和发展剪纸文化，将传统剪纸与现代元素相结合，创作出富有时代价值和艺术价值的作品，使剪纸艺术更具现代观赏性和市场竞争力。一些剪纸作品作为富有地域特色的工艺品，为当地文旅发展增添了别样的魅力。

（二）剪纸的分类

1. 南派剪纸

南派剪纸包括四川剪纸、广东剪纸、湖北剪纸、福建剪纸等。

四川剪纸，主要有川北剪纸、自贡剪纸。其中自贡剪纸古朴生动，典雅细腻，疏密结合，雅俗共赏，主要有单色剪纸、彩色剪纸，作品有《五谷丰登》《六畜兴旺》《连年有余》等。

广东剪纸，主要有佛山剪纸、潮汕剪纸。其风格精巧细腻，玲珑剔透，题材丰富，主要有单色剪纸、彩色剪纸，作品有《百花齐放》《瓜果丰收》《蝙蝠》《嫦娥奔月》等。

湖北剪纸，主要有沔阳剪纸、鄂州雕花剪纸。其风格结构匀称，流畅细腻，内容丰富。为了使图案更精美而加入刀的雕刻，剪刻并施，刀随人意，运转自如。作品有《喜鹊登梅》《龙凤呈祥》《鲤鱼跃龙门》《武昌首义》等。

福建剪纸，主要有以山禽家畜为主的南平、华安剪纸，以水产动物入画的闽南、漳浦剪纸。其风格华丽纤巧，雅拙细致，具有浓厚的当地民俗风情和乡土气息。作品有《喜上眉梢》《鸿雁戏水》等。

2. 北派剪纸

北派剪纸包括河北剪纸、山西剪纸、陕西剪纸、甘肃剪纸、山东剪纸等。

河北剪纸，主要有蔚县剪纸，还有邯郸、丰宁、三河等地的剪纸，作品染色与刻纸有机结合，形成既强烈对比又和谐统一，既鲜艳明丽又不愠不火的优美色彩效果，作品有《连年有余》《玉兔迎春》《刘海戏金蟾》等。

山西剪纸，主要有晋城磁性剪纸、广灵剪纸、中阳剪纸等，具有北方地区粗犷、雄壮、简练、纯朴的特点。制作手法延续"以剪为主"的传统特色，作品有《松鹤长春》《龙戏珠》《鱼戏莲》《葫芦寿桃》《囍》等。

陕西剪纸，主要有陕北、陕南、关中等剪纸，被称为剪纸的"活化石"，有单色剪纸、彩色剪纸、立体剪纸、点彩剪纸、色织拼贴剪纸、渗染剪纸、纸塑窗花、剪纸熏样，作品有《蝴蝶》《喜鹊登枝》《蛇盘兔》《牛耕图》等。

甘肃剪纸，主要有庆阳剪纸、会宁剪纸、定西剪纸等，是剪纸古老艺术的实物见证，包含丰富的文化元素和象征意义，反映了当地人民的生活习俗和审美观念。作品有《二龙戏珠》《三羊开泰》《五福捧寿图》《花好月圆》等。

山东剪纸，以锯齿纹和挺拔的线条相结合，勾勒出丰富多彩的形象。在造型风格上，渤海湾地区粗犷豪放，胶东沿海地区以线条为主，注重线面结合的精巧构图。作品有《喜上眉梢》《连年有余》《鸳鸯》《蝙蝠》等。

3. 江浙剪纸

江浙剪纸，包括江苏剪纸、浙江剪纸等。

江苏剪纸，主要有南京剪纸、扬州剪纸、金坛刻纸等，吸收了江南水乡的灵气，融入了吴越文化的细腻，线条流畅自然，既有力量感又不失柔美，具有很强的装饰性和艺术性。作品有《百花齐放》《白菊图》《白蝶恋花图》等。

浙江剪纸，主要有乐清剪纸、临海剪纸、永康剪纸、桐庐剪纸等，题材丰富，挺秀细致，层次分明，疏可走马，密不容针，凸显出江南海滨特有的风神气韵。作品有《丰收喜报》《荡湖船》《感恩亭》《龙船灯》等。

（三）不同种类剪纸的制作

剪纸是一种以填图、涂色、拼接等技法创作平面或立体造型的镂空剪刻艺术。制作需要准备工具、选择材料、起稿设计、订纸叠纸、油灯熏样、剪刻作品、填涂拼接等一系列工序，其中，剪刻是剪纸制作的核心步骤和灵魂。作品不同，制作手法和技巧不尽相同，有单色剪纸、彩色剪纸、立体剪纸等。

1. 单色剪纸

单色剪纸（见图7-16）是以单一颜色进行艺术表达的剪纸，由红色、绿色、紫色、褐色、黑色、金色等单色纸剪成，可装饰各种场合，还可作为底样保存，如窗花、刺绣底样等，其表现形式有折叠剪纸、剪影、撕纸等。折叠剪纸折法简明，制作简便，省工省时，尤其适于表现结构对称的形体，对中国剪纸普及和工艺图案造型起着重要作用；剪影通过外轮廓表现人物和物象的形状，注重外轮廓的造型美，适合表现透光效果，是一种极具特色的剪纸类型；撕纸是由传统的民间剪纸变形出的新类型，采用手撕的方法撕裂造型，具有古拙雅朴、自然天成、豪放雄健的艺术魅力。

图7-16 单色剪纸

2. 彩色剪纸

彩色剪纸（见图7-17）是以两种或两种以上颜色进行艺术表达的剪纸。彩色剪纸在单色剪纸基础上发展而来，视觉效果更加鲜艳、明快、丰富。技法有点色、套色、分色、填色、木印、喷绘、勾绘和彩编等。点色是在单色纸上用其他颜色染色，剪纸滋润，装饰性强；套色是把两种或两种以上的纸通过套、衬等方法剪叠在一起，剪纸脆利，色块鲜亮；分色是同一画面中用不同颜色的纸剪出不同的造型进行拼贴，分色截然，色感丰富；填色是把剪好的剪纸贴在底纸上，然后在空白处涂色，洁净鲜明。

3. 立体剪纸

立体剪纸（见图7-18）是采用绘画、剪刻、折叠、黏合等手法综合而成的近于雕塑、浮雕的新型剪纸，既可是单色，也可是彩色。立体剪纸汲取现代美术技巧，使剪纸由平面变为立体，可用于观赏类造型及儿童的手工制作等。立体剪纸是一种富有创意的剪纸形式，为剪纸艺术注入了新活力。有的立体剪纸将素描关系、油画、水墨国画、版画艺术风格融入传统剪纸，形成富有立体感和冲击力的艺术效果，如河南洛阳创意团队的"龙门石窟奉先寺"艺术作品，远看像照片，近看像油画，立体效果极佳。

图7-17　彩色剪纸

图7-18　立体剪纸

美之漫谈

剪纸艺术的传承与发展

剪纸作为一种极富生命力的古老民间艺术，即使在现代文明高度发达的今天，其展现魅力的空间依然广阔。无论是作为岁时节令的民俗瑰宝、美术创作的灵感源泉，还是为了满足审美和美育的艺术需求，剪纸艺术都在广阔的领域中持续传承，这是剪纸艺术传统轨迹的自然延绵。在日新月异的现代社会，我们还需把剪纸作为一种文化产业去开拓和发展，传承民族优秀传统文化，发扬剪纸艺术独有的文化特色，使其能够挺立于世界民族之林。这是一条充满挑战的道路，但我们坚信，虽任重道远，终将玉汝于成，我国传统的剪纸艺术必将在新时代绽放别样光彩。

二、总结与归纳：剪纸的审美特征

剪纸作为中国传统手工艺品的代表之一，承载了丰富的文化内涵和民间智慧，也展示了中国人民独特的创造力和审美追求。

（一）形态美

剪纸的形态美体现在造型和色彩上。造型离不开当地的风土人情，如憨态可掬的牛羊、展翅轻盈的飞鸟、高昂挺拔的苍松、果粒饱满的葡萄、天真活泼的小孩等，处处表达着浓郁的当地风貌和世俗民情，这些生动纯朴的造型体现出了人们思维的张力。剪纸的色彩深深吸引着人们的眼球，把直觉艺术的美强烈地表现出来，红的喜庆，黄的别致，绿的盎然，特别是多色的搭配使用，鲜艳亮丽，协调美观，跳跃鲜活，交相辉映，给人一种美的震撼。

剪纸之美

（二）技艺美

剪纸的技艺美体现在通过纸张和剪刀的交织舞动，创造出丰富多样的图案和形象，让人们能够感受到美的力量和魅力。一双巧手、一把剪刀和几张纸片就能剪出五彩斑斓的大千世界。剪纸讲究从小到大，从里到外，刀刀不断，线线相连。镂空、月牙、圆孔等花纹都有对应的剪修方式，用刀的方向和力道各有不同，每一剪、每一刻都要精雕细琢。那错落有致的变化，阴阳和合的完美融合，恰如其分，达到"多一分则多、少一分则少"的高超妙境。

（三）主题美

剪纸的主题美（见图 7-19）体现在剪纸作品的文化内涵、气韵意境上。在节日庆典、婚嫁乔迁、庆功聚会等场所，出现在窗户、扇面、家具、灯笼、衣物等处的剪纸把场景装饰点缀得美轮美奂，烘托出祥和喜庆的氛围。剪纸作品的主题时而夸张，时而含蓄，时而逼真，时而抽象，时而随意，时而精雕。它丰富的民俗和生活内涵，是对多种民间美术表现形式的浓缩和夸张，表达了人们对美好生活的向往与追求。

图 7-19 剪纸的主题美（《吹唢呐》《不忘初心 牢记使命》《打锣鼓》）

三、感悟与体验：剪纸的美好寓意

一张红纸，一把剪刀，剪飞纸转，心中的图案便跃然纸上。通过借物喻意、谐音取意、主题示意等方式，剪纸将人们的智慧、思想及文化内涵孕育其中，达到以形寓意的美好效果。

过程性指导	
探究方法	1. 沉浸体验：观看视频《纸下的时间旅行者》。 2. 小组讨论：结合课前搜集的图片和视频，谈窗花剪纸的美好寓意。 3. 上台分享：小组代表上台分享讨论结果。
注意事项	观看视频时能快速捕捉剪纸的技艺美和寓意美。

（一）借物喻意

剪纸作品中常借动物、植物、相关人物、事物等形象表达特定的含义。例如，龙作为中华民族的精神图腾，是吉祥雄伟的象征，从古至今就受到人们的崇拜和尊敬，其形象也成为剪纸制作的重要素材；凤凰代表吉祥与和平，形象深受人们的喜爱，在传统的民间剪纸图案中，如果出现了凤凰的形象，则寓意着喜庆与幸福；松、鹤代表吉祥，又体现着坚韧不拔、清新脱俗的内涵，寓意健康长寿，表达对长辈的美好祝愿。

（二）谐音取意

谐音取意（见图7-20）是以音象形的表现手法，用相同或相近词音寓意吉祥。如以莲谐"连"，以鱼谐"余"，刻上莲花和鲤鱼就寓意"连年有余"；"鹿"谐音"禄"，"鹿鹤同春"表达着对春天生命复苏的吉祥寓意，一年之计在于春，希望春天有美好的开始，能祥瑞绵长；"双钱"谐音"双全"，常和蝙蝠、寿桃连在一起，如"福寿双全"；"梅"谐音"眉"，剪出喜鹊和梅花就寓意"喜上眉梢"；古时"羊"与"祥"相通，所谓"羊，祥也"，富有吉祥之意，剪纸把"羊"与寓意富贵的"牡丹"组合在一起，表示富贵吉祥。

图7-20 谐音取意剪纸图集

（三）主题示意

传统剪纸在创作上常将借物、谐音等寓意结合在一起表达不同的主题思想，如龙凤呈祥、大吉大利、喜鹊登梅、鱼跃龙门、五子登科、三羊开泰、一帆风顺、四季平安等表现吉祥如意主题，松柏常青、鹿鹤同春、松鹤延年、寿比南山、八仙祝寿、福寿双全等表现延年益寿主题，吉庆有余、连年有余、五谷丰登、招财进宝福如东海、金玉满堂、和气生财等表现纳福招财主题，龙飞凤舞、花好月圆、花开富贵、鸳鸯戏水（见图7-21）、和合如意、鹊桥相会、百年好合等表现婚姻恋爱主题。

在日益重视非遗文化的今天，剪纸艺术受到越来越多人的关注与喜爱，同时也让更多人认识到只有守正创新，才能让剪纸艺术在新时代的土壤里焕发生机与活力，让中华优秀传统文化得以继承和发展。

图7-21　主题示意剪纸《鸳鸯戏水》

任务三　赏鉴针尖绚烂——刺绣之美

一、理解并掌握：刺绣的基础知识

刺绣（见图7-22）是中国民间的一种传统手工艺，历史悠久，是在织物上绣制的各种装饰图案的总称。古代刺绣被称为"黹""针黹""针绣"，因为刺绣者大都是女性手工艺者，所以也被称为"女红"，是一种反映古代中国人民智慧和审美的艺术品。

图7-22　刺绣

（一）刺绣的发展概况

1. 夏商周时期

据《尚书·益稷》记载，早在远古时代，人们衣服上就出现了宗彝、藻、火、粉米等纹样装饰，均为刺绣而成。商周刺绣式样有固定的规格，图案有明显的次序感，是等级社会的体现。西周时期，染织刺绣已有专门的分工，文献记载了"素衣朱绣"。目前最早的刺绣品为战国时期湖南长沙楚墓出土的两件绣品，用锁绣法绣于帛和罗之上，针脚整齐，配色清雅，线条流畅。锁绣法是现存刺绣实物中最早出现的刺绣针法，特点是前针勾后针形成曲线针迹。

2. 春秋战国时期

春秋战国时期是我国刺绣史上第一个极盛时期，出土的丝织品几乎全部有刺绣。此时的刺绣采用锁绣针法，图案结构严谨，形象细长清晰，大量运用花草纹、鸟纹、龙纹、兽纹，还将动植物形象巧妙结合，写实与抽象并用，穿插蟠叠，留白较多，体现了春秋战国时期刺绣纹样的重要特征。龙凤是这一时期常见的丝绸刺绣图案。

3. 秦汉时期

秦汉时期，随着丝织造业的发达，刺绣工艺成熟，开始展露艺术之美，呈现繁美缛丽的景象。汉代，手工刺绣趋于专业化，以锁绣为主，多在高档的丝绸锦绢上绣成。平绣类针法更加完备，擘绒技法出现，开始有渐浓渐淡的两三色丝线配色技艺，以起到晕染效果。民间刺绣非常普及，多是普通点缀的实用品。这一时期，考古出土的刺绣实物很多，特别是长沙马王堆汉墓出土的实物品类丰富，艺术精湛，有云纹、几何纹、兽纹等。

4. 魏晋南北朝时期

魏晋时期，刺绣题材除鸟兽花草外，还扩展至人物、山川地理、星辰天象等，花纹趋细小，色彩丰富。南北朝时期，刺绣体现出满幅施绣的特色，如甘肃敦煌考古出土的绣品就是用锁绣满幅绣出。这一时期，为了提高生产效率，绣女开始尝试用表现效果基本一致的劈针来代替锁针。

5. 隋唐时期

隋唐时期，刺绣应用广泛，针法也有新的发展。与绘画借鉴融合，做工精巧，色彩华美。如敦煌千佛洞发现的"绣帐灵鹫山释迦说法图"除了延续锁绣，还运用了平绣、打点绣、纭裥绣等针法。此时的色线、针法、质料都呈多样化发展，创新利用金银线盘绕法加强所绣实物的立体感，增强视觉效果。李白的诗句"翡翠黄金缕，绣成歌舞衣"、白居易的诗句"红楼富家女，金缕刺罗襦"等都是对这一时期刺绣的咏颂。

6. 宋元时期

宋代是手工刺绣的高峰期，开创了纯审美的画绣，成就极高。宫中设有文绣院，专职绣画。刺绣作品构图简练，设色精妙，精工细密，形象生动，欣赏与珍藏价值提升。平针绣、套针、切针、滚针等刺绣技法和工具有了新的发展，针法已达15种之多。元代设立的文绣局遍布各地，刺绣针法喜用贴绫绣法，就是在底料上再加贴绸料并用缀绣完成，富有立体感。元蒙贵族喜用金线刺绣，金线绣得以发展，民间刺绣也形成了不同的地域特色。

7. 明清时期

明代是我国历史上刺绣最为流行的时期。这一时期的刺绣继承宋绣的艺术风格，继续精工改良，出现以刺绣闻名于世的家族和个人。同时刺绣范围拓宽，有洒线绣、透绣、发绣、贴绒绣等。明末上海"露香园"顾绣的代表人物韩希孟摹绣宋元名家绘画，发明了绣画。清代是传统刺绣的集大成时期，用色和谐，风格古朴、典雅大方，多用几何图案和大型缠枝花卉，富有写实性和装饰效果。在民间，除了苏绣、蜀绣、湘绣、粤绣四大名绣，还有京绣、鲁绣等，各有特色，形成争奇斗妍的局面。

8. 近现代时期

近现代刺绣融入多种艺术元素，表现题材从中国传统绘画扩展至东西方绘画及摄影等领域，洋溢出朝气勃勃、无限联想的生命动感。很多刺绣工作者注重提高素质修养和艺术创作能力，独立设计完成刺绣作品绣稿，恰当利用各种丝线、不同针法的特性突出绣品的色彩美、材料美、技术美。

（二）刺绣的分类

根据地域，刺绣可分为苏绣、湘绣、蜀绣和粤绣四大门类。2006年，经国务院批准，四大名绣被列入第一批国家级非物质文化遗产名录。

1. 苏绣

苏绣是以苏州为中心的江苏地区刺绣的总称，有着千年的历史，被誉为"古今中华第一绣"，"女红""宫廷绣""闺阁绣"的称谓就来源于此。构思巧妙，意境深远，针法活泼，精细整洁，色彩柔和，清雅秀丽。特点是"平、齐、细、密、和、光、顺、匀"。"平"指绣面平展；"齐"指图案边缘齐整；"细"指用针细巧，绣线精细；"密"指线条排列紧凑，不露针迹；"和"指设色适宜；"光"指光彩夺目，色泽鲜明；"顺"指丝理圆转自如；"匀"指线条精细均匀，疏密一致。最早使用平抢铺针和施针，还有直针、盘针、套针、擞和针、抢针、平针等；原料有绸缎、棉布、化纤等；种类有单面绣、双面绣、苏北绣、南通仿真绣、无锡精微绣、扬州刺绣等。如北宋绣花经袱上绣的金黄莲花图案，双面绣《金鱼》《小猫》等。

2. 蜀绣

蜀绣也称"川绣"，是四川地区刺绣的总称，分川东和川西两类，历史悠久，形象生动、色彩明快，短针细密、针脚平齐，片线光亮、变化丰富，严谨细腻、浑厚圆润，富有立体感，与蜀锦并称"蜀中瑰宝"。蜀绣针法在"四大名绣"中最为丰富多样。据统计，针法有12大类，130多种，常见的有晕针、铺针、滚针、截针、平针、交叉针、覆盖针、缠绕针等。各种针法交错使用，变化多端，或粗细相间，或虚实结合，阴阳远近表现无遗。原料有软缎、彩丝、绢、纱、绸等。内容有鱼虫、人物、文字、走兽、花鸟、龙凤等。如《芙蓉鲤鱼》《八仙过海》《麻姑献寿》等。

3. 湘绣

湘绣是湖南地区刺绣的总称。在民间刺绣的基础上结合苏绣、粤绣的特点，重视针法的运用，精细入微，色彩鲜明，风格豪放，绣画传神，曾有"绣鸟能鸣，绣虎能跑，绣人传神"的美誉。湘绣题材广泛，风格多样，绣品丰富多彩，讲究"平、齐、净、亮、密、活"。针法以参针为主，还有花针、钩针、滚针、施针、孔针、排针等。构图虚实结合，主题突出，造型明暗对比，强化物象质感。原料有丝、缎、纱、绸、尼纶等。内容包括风景、人物、山水、走兽、花鸟等，其中，狮、虎是湘绣的传统题材，虎则更为著名。如《山兽之君》《毛主席去安源》《长城》等。

4. 粤绣

粤绣是广东地区刺绣的总称，从风格到创作都充满岭南地域特色，注重技艺与材料的融合。构图工整有序，物象丰富繁密，布局少有空隙，题材吉庆欢乐，色泽富丽明快，工艺繁杂精美，包括广绣和潮绣。广绣纹理清晰，针法多样，远看醒目，近看精细，繁而不乱。潮绣常用大红大绿的颜色，具有浮雕式的艺术效果，多见于庙堂装饰和日常庆典。粤绣针法丰富，有基础针、辅助针、象形针、直针、钉针、续针、打子针、垫绣等。原料有毛发、孔雀毛、马尾、丝、绒、绸、缎等。内容有飞禽、人物、山水、动物、花卉等。如《三羊开泰》《苏武放羊》《百鸟朝凤》等。

（三）不同技法刺绣的制作

刺绣的基本制作顺序是先构思设计绘画稿样，然后准备工具和材料，最后按照设计稿的花纹痕迹运用针线、技法进行刺绣，或辅以其他技艺完成作品，有单面绣、双面绣、立体绣、双面异色绣、双面双异绣、金银线绣、金绒混合绣等。每一种刺绣都有其独到之处，下面选取其中几种进行介绍。

1. 单面绣

单面绣只在一面上呈现绣画，可用画框装裱悬挂，在各类刺绣中使用最为广泛。技法主要使用乱针绣和平针绣，注重色彩的对比效果，绣线疏密整洁，形态流畅生动。作品有十字绣（见图7-23）、壁挂、窗帘等。绣面细致入微，纤毫毕现，富有质感，将线的色彩、疏密、位置进行巧妙搭配，呈现栩栩如生的视觉效果（见图7-24），多用于装饰类欣赏品和较高级的日用品。

图7-23　单面绣《竹报平安》

图7-24　单面绣《鸟尊》

2. 双面绣

双面绣也称"两面绣"，是在单层底料上同时完成两面绣工的刺绣，通常用于制作双面图案的绣品。正反两面均不能露出线头，如团扇（见图7-25）、围巾（见图7-26）、手帕等。双面绣是苏绣的一大特色，彰显了苏绣的高超技艺，有双面异色绣、双面三异绣等。

图 7-25　双面绣团扇　　　　图 7-26　双面绣围巾

3. 立体绣

　　立体绣是呈现绣品三维立体效果的刺绣，形象更为逼真。可以是单面绣拼接而成，如绣花枕头（见图 7-27）、扶手枕（见图 7-28）、绣花鞋等。也可以是在平面绣基础上绣出凸出平面的实物，造型立体，层次鲜明，高低错落，形象逼真，如婴幼儿围嘴（见图 7-29）等。

图 7-27　立体绣绣花枕头　　　图 7-28　立体绣扶手枕　　　图 7-29　立体绣婴幼儿围嘴

二、总结与归纳：刺绣的审美特征

（一）形象美

　　色彩夺目的光色效应，光彩色形的恰当配合，使刺绣的形象之美宛若天成。刺绣多使用鲜明且对比强烈的色彩绣制图案，通常以红、绿、黄、紫为主色，以蓝、黑、白为辅色，色彩斑斓，层次分明，深受人们喜爱。刺绣的线条生动流畅，无论是细腻的平针、匀整的抢针，还是自由的散错针，都体现了刺绣艺人对形象美的追求（见图 7-30）。刺绣的形象美不仅是视觉上的审美享受，更是民族文化的体现和民族精神的传承。

图 7-30　旗袍

（二）技艺美

刺绣的技艺美体现在制作工艺的美和工艺过程的匠心美。刺绣的基本工艺要求顺、平、齐、匀、洁。顺是线条要顺直、自然、流畅；平是绣面要平展、整洁、舒适；齐是要整齐划一、搭配合理；匀是要疏密得度、不漏不重；洁是要绣面光洁、无漏洞、无污渍。正是借助这些精湛的工艺，刺绣为我们呈现出了精彩纷呈的美。手工刺绣需要匠人具备心无旁骛的专注度和细致入微的观察力，每一次穿针引线都需要极其精准的控制，这不仅是对技艺的考验，更是对匠人精细与耐心的匠心美的体现。如《百虎图》（见图7-31），就是运用了288种针法绣出了100个形态各异的老虎形象。

	过程性指导
探究方法	1.小组讨论：从形象美、技艺美、实用美三个方面讨论刺绣的审美特征。 2.上台展示：小组代表上台分享小组的讨论结果。 3.多元评价：进行组间互评，教师点评。
注意事项	分析时可结合具体的刺绣种类总结审美特征。

图7-31 《百虎图》

（三）实用美

刺绣更加贴近人们的生活，作为装饰品和实用品都以美为第一要素，以其实用美潜移默化地影响着人们的感受和心境，营造着和谐美好的生活环境。在中国传统文化中，刺绣常被应用于衣物、被褥、钱包、手帕、枕头（见图7-32）等日常用品，这些用品不仅因刺绣具有了美的外观，更因刺绣的实用价值体现出了一种别致的生活美学。刺绣的实用美不仅体现在其精美的外观和实用功能上，还在于它所承载的文化意义与情感价值，反映了我们民族独特的审美情趣和生活智慧。

图7-32 绣花枕头

三、感悟与体验：刺绣的美好寓意

刺绣作为中华优秀传统文化的重要组成部分，不仅是一种工艺品，更是一种文化传承和表达的方式。它通过图案、色彩、针法等元素，传递着丰富的文化意义和美好寓意。

刺绣之美

（一）象征意义丰富美好

在中国传统文化中，刺绣经常被视为女性的艺术，彰显着女性的智慧与美丽。作品中的图案形象生动，常常与幸福、长寿等寓意相关联，被视为一种吉祥的象征。如龙凤图案寓意吉祥如意、幸福美满，牡丹、菊花图案代表荣华富贵、繁荣昌盛，红色、金色等色彩则代表喜庆、富贵等。这些象征意义反映了人们的价值观，寄托着人们对未来生活的期望和憧憬，传递着对和谐、繁荣和幸福的向往与追求。

（二）融入中国传统文化

刺绣融入了中国传统的儒家思想和道家哲学，具有丰富的文化内涵，是中华优秀传统文化的重要组成部分，代表着中国社会的道德观念和审美标准，是社会文化传承的重要载体。儒家思想强调仁、义、礼、智、信，刺绣将这些理念融入作品中，以图案和色彩的形式传递着道德教化和人文精神。道家哲学倡导与自然和谐相处，刺绣作品中的山水、花鸟等元素，则表达了对自然的欣赏赞美和对心灵的净化启迪。

（三）地域特色浓厚鲜明

刺绣作为一种流传千年的民间艺术，绽放出不同的地域特色和民族风格。从苏绣、湘绣、蜀绣、粤绣四大名绣，到各具特色的苗绣、藏绣、蒙古绣等少数民族刺绣，每一种地方刺绣都有其独特的艺术风格和文化内涵，不仅反映了当地的社会习俗、审美观念，还体现了当地人民的生活环境和历史传统。刺绣的地域特色不仅体现在技法和图案上，还体现在使用的材料上，一些刺绣会使用当地的特色布料和天然染料，使刺绣作品更具地域特色。

一山一水绘锦绣，一针一线寄情思，刺绣传承弘扬了中华优秀传统文化，宣传展示了特色民族文化。如今，人们将刺绣传统技艺与艺术潮流之美相融合，开发了系列时尚文创作品。这些作品推动刺绣以坚守、传承、超越的姿态步入现代文明，让传统的刺绣"活"起来，在中华民族文化复兴的时代洪流中绽放全新魅力。透过刺绣作品背后所传达的视觉文化符号，我们能更深切地感受到习近平总书记提出的深入挖掘中华优秀传统文化，铸牢中华民族共同体意识对于中华民族坚定文化自信的重大意义。

课后创造升华——悟美之道

向美而行——实践作业

项目实践活动

活动描述

以"巧手剪出家乡美"为活动主题,临摹剪一幅剪纸作品,在班内进行展览。要求主题积极向上、寓意生动美好,题材可参考"家乡标志性建筑""阖家团圆""吉祥如意""年年有余""强国有我"等。

任务实施

1. 学生自由分组,5~8 人为一组,并填写实践活动记录表(见表 7-2)。
2. 各小组在课堂演示,指导教师对演示情况进行评分。

表 7-2 实践活动记录表

专业:_____ 班级:_____ 小组:_____ 指导教师:_____

活动安排情况		活动完成情况		活动评价情况			
小组成员	活动分工	活动项目	活动内容	评价项目	评价内容	分值	得分
		剪纸题材		知识、技能评价(70%)	紧扣主题,立意鲜明,积极健康	15	
		创意来源			内容丰富,富有创意,触动人心	15	
					线条流畅,自然平整,布局合理,富有美感	25	
		内容概况			纸张颜色等选用得当,能够渲染主题,展现意蕴	15	
				素养评价(30%)	丰富生活体验,提升生活品质,增强审美情趣,陶冶高尚情操	10	
		工具与材料			增强保护和传承我国非物质文化遗产的意识,提升责任感和使命感	10	

续表

活动安排情况		活动完成情况		活动评价情况			
小组成员	活动分工	活动项目	活动内容	评价项目	评价内容	分值	得分
		剪纸感悟			传承中华优秀传统文化，厚植爱国主义情怀，增强民族自信心和自豪感	10	
				评价和建议		活动总分	

知美达美——理论作业

项目学习效果检测

基础型练习

一、填空题

1．"神农尝百草，日遇七十二毒，得茶而解之。"可以看出，我国早期劳动人民就发现了茶具有（　　）的功效。

2．中国茶叶被归为六个基本茶类，即（　　）、黄茶、白茶、乌龙茶、红茶、黑茶，功效各不相同。

二、选择题

1．（　　）是保持鲜叶不腐的技术措施，是制茶的早期形式。

A．晒干　　　　B．烘干　　　　C．捣碎　　　　D．制饼

2．以下不属于北派剪纸的是（　　）。

A．河北剪纸　　B．山西剪纸　　C．福建剪纸　　D．陕西剪纸

三、简答题

1．简述泡茶的程序。

2．简述刺绣的审美特征。

拓展型练习

一、填空题

1. （　　）的出现被称为茶文化成熟的标志。
2. 古代因为刺绣者大都是女性手工艺者，所以也被称为（　　）。

二、选择题

1. 下列属于不发酵茶的是（　　）。
   A. 红茶　　　　B. 绿茶　　　　C. 白茶　　　　D. 乌龙茶
2. 下面不属于"四大名绣"的是（　　）。
   A. 蜀绣　　　　B. 苗绣　　　　C. 湘绣　　　　D. 粤秀

三、判断题

1. 目前考古发现最早的剪纸艺术品是1967年在新疆吐鲁番地区出土的北朝时期团花剪纸和人胜剪纸。（　　）
2. 明末上海"露香园"顾绣的代表人物顾兰玉摹绣宋元名家绘画，发明了绣画。（　　）

四、简答题

1. 请介绍你家乡的非物质文化遗产，并简要阐述它的美。
2. 结合所学谈谈作为一名职业院校学生，如何在传承和保护我国非物质文化遗产方面贡献力量。

习美评价——学习测评

项目学习评价标准

请根据项目学习评价标准表（见表7-3）完成多元化评价。

表7-3 项目学习评价标准表

学习目标	项目子任务	考核内容	评价等级 A	评价等级 B	评价等级 C	得分
知识目标和能力目标达成度	了解茶、剪纸、刺绣的基础知识	能够阐述茶、剪纸、刺绣的发展概况	10	8	6	
		能够举例说明茶、剪纸、刺绣的制作技艺及分类	10	8	6	
	掌握茶、剪纸、刺绣的审美特征	能够通过品鉴茶、剪纸、刺绣作品，归纳作品的审美特征	15	12	9	
		能够通过分析茶、剪纸和刺绣与人们生活之间的关系，体悟非遗之美	15	12	9	
		能够运用茶、剪纸和刺绣寄托与表达自己的情感和生活体验，传承非遗之美	10	8	6	
素养目标达成度	增强保护和传承我国非物质文化遗产的意识，提升责任感和使命感	丰富生活体验，提升生活品质，增强审美情趣，陶冶高尚情操	20	16	12	
		增强保护和传承我国非物质文化遗产的意识，提升责任感和使命感；传承中华优秀传统文化，厚植爱国主义情怀，增强民族自信心和自豪感	20	16	12	
教师评语		总分（定量评价）				
专家点评		评定结果（定性评价）	□优秀 □合格	□良好 □不合格		

备注：

1. 本项目学习内容可结合学习目标，采用教师评价、学生自评、学生互评、专家点评等方式进行多元化评价。

2. 90~100分为优秀；70~89分为良好；60~69分为合格；60分以下为不合格。

参考文献

[1] 彭吉象.艺术学概论[M].4版.北京：北京大学出版社，1994.

[2] 汪霓.艺术概论[M].上海：华东师范大学出版社，2015.

[3] 陈金山，辜跃辉，关继东.大学美育基础[M].镇江：江苏大学出版社，2019.

[4] 张建.大学美育[M].北京：高等教育出版社，2017.

[5] 商杰，夏翠英，周劲廷.大学美育[M].北京：北京出版社，2021.

[6] 王川，李红，徐翔.大学美育[M].北京：新华出版社，2021.

[7] 张绍荣，朱传书，杨敏.现代大学美育[M].北京：中国人民大学出版社，2023.

[8] 张建，刘荣.中国传统文化[M].4版.北京：高等教育出版社，2007.

[9] 黄高才，刘会芹.大学生美育[M].北京：高等教育出版社，2016.

[10] 庄维嘉，张春田.大学美育[M].北京：人民邮电出版社，2023.

[11] 柯汉琳.美学原理[M].广州：广东高等教育出版社，2015.

[12] 张朝霞，万芬芬，黄春燕.新时代大学美育[M].武汉：华中科技大学出版社，2023.

[13] 吴访升，顾明智.大学美育[M].北京：高等教育出版社，2023.

[14] 冉政，师思，温云兰.大学生美育[M].北京：中国人民大学出版社，2022.

[15] 吕一中.大学美育[M].北京：北京师范大学出版社，2022.

[16] 万千，周国桥.大学美育[M].沈阳：东北大学出版社，2023.

[17] 张文光.大学美育[M].北京：机械工业出版社，2012.

[18] 鲁岩.大学美育[M].天津：天津人民美术出版社，2020.

[19] 何亚平，王娟，孙辉.大学美育[M].镇江：江苏大学出版社，2022.

[20] 龚韵枝，梁雯.大学美育[M].北京：航空工业出版社，2023.

[21] 陈也.大学美育[M].上海：上海交通大学出版社，2022.

[22] 卢璐，李龙，黄宇辉，等.大学美育[M].上海：上海交通大学出版社，2021.

[23] 郑师渠.中国文化通史：清前期卷[M].北京：北京师范大学出版社，2009.

[24] 金开诚，王岳川.中国书法文化大观[M].北京：北京大学出版社，1995.

[25] 徐枫.音乐欣赏[M].郑州：大象出版社，2006.

[26] 王克芬，刘恩伯，徐尔充，等.中国舞蹈大辞典[M].北京：文化艺术出版社，2010.

[27] 沈海泯.中国工艺美术鉴赏[M].苏州：苏州大学出版社，2015.

[28] 詹庆生.影视艺术概论[M].北京：清华大学出版社.2018.

[29] 李少白.中国电影史[M].北京：高等教育出版社，2006.

[30] 郑姗姗.刺绣[M].北京：中国社会出版社，2011.

[31] 傅谨.戏曲鉴赏[M].北京：北京大学出版社，2021.

[32] 冯志强.中国戏曲表演艺术辞典[M].北京：中国戏剧出版社，2006.

[33] 左健. 中国戏曲美学 [M]. 南京：南京大学出版社，2008.

[34] 王宁. 大学戏曲鉴赏 [M]. 2 版. 上海：华东师范大学出版社，2020.

[35] 李中会. 戏曲鉴赏 [M]. 北京：北京师范大学出版社，2010.

[36] 丁文. 中华茶典 [M]. 西安：陕西人民出版社，2010.

[37] 杨荫浏. 中国古代音乐史稿 [M]. 北京：人民音乐出版社，1981.

[38] 苏成良. 简明中华艺术史 [M]. 北京：北京工业大学出版社，2013.

[39] 陈淑姣. 非物质文化遗产概论 [M]. 2 版. 北京：中国人民大学出版社，2016.

[40] 奚传绩. 美术欣赏 [M]. 5 版. 北京：高等教育出版社，2002.

[41] 管阳，唐瑞林，王婷婷. 大学生艺术鉴赏与实践 [M]. 北京：中国人民大学出版社，2022.

[42] 任初轩. 怎样做好非物质文化遗产保护 [M]. 北京：人民日报出版社，2023.

[43] 徐馨雅. 识茶·泡茶·品茶 [M]. 北京：中国华侨出版社，2014.

[44] 陈书谦. 新手轻松学茶艺 [M]. 北京：电子工业出版社，2012.

[45] 郝媛. 中国茶学彩图馆 [M]. 北京：中国华侨出版社，2016.

[46] 陈书谦. 中国茶品鉴·购买·贮藏 [M]. 长春：吉林科学技术出版社，2015.

[47] 陈龙. 中国名优茶品鉴 [M]. 北京：电子工业出版社，2016.

[48] 尹延丽，刘彤. 阅读中华国粹——青少年应该知道的：刺绣 [M]. 济南：泰山出版社，2012.

[49] 尹秀凤. 实用民间剪纸艺术 [M]. 北京：清华大学出版社，2008.

[50] 司马法良. 刻纸剪画：华夏剪纸文化赏读 [M]. 郑州：中州古籍出版社，2016.

[51] 安从工，安旭. 旅游文物艺术 [M]. 天津：南开大学出版社，2003.

[52] 王诚浩. 中国美术鉴赏 [M]. 武汉：武汉大学出版社，2008.

[53] 朱狄. 艺术的起源 [M]. 武汉：武汉大学出版社，2007.

[54] 马延岳. 美术鉴赏 [M]. 济南：山东美术出版社，2016.

[55] 范蔚，赵伶俐. 审美化教学论 [M]. 北京：北京师范大学出版社，2016.

[56] 蒋伟. 艺术欣赏 [M] 北京：航空工业出版社，2000.

[57] 彭冬梅. 面向剪纸艺术的非物质文化遗产数字化保护技术研究 [D]. 杭州：浙江大学，2008.

[58] 李昊灿. 新时代加强大学生美育的价值意蕴与实现路径 [J]. 扬州大学学报：高教研究版，2020，24（5）：10.

[59] 饶曙光，刘婧. 以文化自信自强推动电影强国建设 [J]. 电影艺术，2023（1）：47-52.